Gwenaëlle Abolivier

Gwenaëlle Abolivier est journaliste et productrice depuis le milieu des années 1990. Elle parcourt le monde pour des émissions de voyages en vue de grands reportages pour France Inter, France Culture et RFI. Elle a produit des émissions consacrées à ses pérégrinations où elle a embarqué depuis les ports aussi mythiques que Vancouver, Ushuaïa, Papeete ou encore Auckland. Elle travaille aujourd'hui à la Radio télévision suisse. *Tu m'avais dit Ouessant* a paru aux éditions Le mot et le reste en 2019 et a reçu le Prix Marine Bravo Zulu en 2020.

TU M'AVAIS DIT OUESSANT

GWENAËLLE ABOLIVIER

TU M'AVAIS DIT OUESSANT

LE MOT ET LE RESTE

MIXTE
Papier issu de sources responsables
FSC® C003309

L'éditeur de cet ouvrage s'engage dans une démarche de certification FSC® qui contribue à la préservation des forêts pour les générations futures.

Pour en savoir plus :
www.editis.com/engagement-rse/

ISBN : 978-2-266-31877-8
Dépôt légal : juin 2021

À Éliane et Pierre, mes parents

I

À la gare Montparnasse, j'ai dit « *Finis Terrae* » et suis montée dans le premier Paris-Brest, direction la mer. Pour qui aime le train, quatre heures de rail, ce n'est rien. L'arrivée à l'aplomb du port de commerce est l'une des plus belles que je connaisse. Encore dans le compartiment et déjà la tête tout entière dans le grand ciel de l'Ouest. On touche des yeux l'horizon, les navires en partance, les grues qui allongent leur cou de girafe mécanique, les cris des goélands, et on chavire soulevée par une déferlante de joie. Estourbie par la transparence de l'air, j'ai traversé la gare en alcôve de verre. Les paquets de pluie n'avaient plus qu'à me laver de la capitale. Après une nuit à l'hôtel des Gens de Mer, j'ai dévalé les escaliers à double révolution ne sachant pas encore que ceux du sémaphore seraient ma partition et me suis retrouvée sur le pont du navire, le *Fromveur II*. Coque bleue et blanche et des allures de remorqueur.

Tu m'avais dit, pars au bout du monde, pars au bout de la terre,

Et je suis partie sur une île née au milieu de l'océan, une île du Finistère

De l'autre côté de l'horizon, de l'autre côté du Fromveur,

Il y a une île où des femmes et des hommes s'aiment dans le vent

Il y a une île où des femmes et des hommes vivent dans le rêve de l'océan

Au premier éperon, dans un parfum de sel et des relents de fuel, j'ai assisté aux échanges de colis avec la camionnette jaune de La Poste

J'ai vu les citerniers bretons, comme sur un tarmac d'aéroport, perfuser le navire qui ronronnait d'un son métallique

J'ai vu le fuel rouge pour les groupes électrogènes de la centrale électrique de l'île, le gasoil détaxé coloré en bleu pour les cargos

et j'ai pensé aux couleurs primaires de Nicolas de Staël

à ses lettres lumineuses écrites à ses parents aimés

à celles que je déverserai en gravité sur les paysages

✦

Au petit matin, la lune est encore chamboulée par une éclipse totale vécue à l'ombre du soleil. Elle brille de sa forme ovoïde, montgolfière argentée. Elle a perdu quelques quartiers de son orange sanguine qu'elle a déposés dans un ciel d'écorce.

Au fond du port, le chalutier *Rien d'impossible* a des allures de rombière des mers avec ses bouées et ses casiers rose fluo, disposés en collier de grosses perles.

Au premier virage à gauche, le bonnet vissé sur les oreilles, j'ai salué l'*Abeille Bourbon* et ai regardé s'éloigner la ville tout entière : le pont de Recouvrance, le café National où venait Kerouac, la rue Monge de la jeunesse. Sur la ville tout entière flottent en transparence le regard clair de Michèle Morgan, le sourire triste de Barbara et nos pas, côte à côte, en transit. Le navire a mis les gaz et a quitté la rade de Brest.

✦

Tu m'avais dit, pars au bout du monde, pars au bout de la terre

Et je suis partie

De l'autre côté de la rade, de l'autre côté du Fromveur

De l'autre côté de la base sous-marine et de la falaise de granite

De l'autre côté de la lande plantée de pins maritimes et des gueules béantes des blockhaus

Le navire distille un froissis d'écume et un son champagnisant. De sa poupe, il creuse un sillon dans la nappe marine. En contre-jour, les Tas de Pois rappellent le dos dentelé du dragon de la baie d'Along. Et sur l'horizon, les saignées noires de la roche sont des esquisses de paysages qu'aurait tracées Hokusai. On devine Camaret, Crozon et, dans le prolongement, la pointe du Raz. Je note mes premières impressions. Un goéland perce le ciel et soulève une odeur acide qui colle aux embruns. Les agriculteurs épandent sur leurs champs le lisier d'animaux que l'on ne voit pas.

De toutes les façons, les touristes d'un jour n'ont d'yeux que pour la mer et le soleil qui pointe à l'horizon. Ils ne voyagent que pour la promesse d'une île. J'aimerais aller au-delà. Le navire contourne la pointe Saint-Mathieu.

✧

Sur le pont du *Fromveur II*, une Suédoise tricote une écharpe de laine comme elle retiendrait les fils de sa mémoire.

Le regard perdu sur l'horizon, elle dévide sa pelote bleue et tisse un lien vers ceux qu'elle aime, ceux qu'elle laisse. Anna Freud confectionnait, elle aussi, des châles et des vêtements qu'elle envoyait à Lou-Andréa Salomé dans l'Allemagne d'après-guerre. Il y a ce matin, en mer d'Iroise, toutes ces amours entremêlées dans la laine peignée et colorée. Je ne tarderai pas à découvrir que j'arrive sur une île où toutes les femmes sont filles et petites-filles de Pénélope et tous les hommes sont frères et petits frères d'Ulysse, le marin, le voyageur. Une île où la vie se joue sous le Créac'h, le phare le plus puissant d'Europe, l'œil du Cyclope.

✧

Le navire fait escale au Conquet et les éoliennes commencent à jouer la musique des sphères.

✧

Ouessant est devenue une urgence à vivre. Cet appel d'air contient tous les parfums et les humeurs du monde qui éloignent de la servitude de l'ordinaire des jours et des attentes déçues. Sanglots longs qui jaillissent comme des accords de Ry Cooder. J'entendais, il y a des vies plus vraies que d'autres. Je répondais qu'est-ce que le sens de la vie ? « Respire, marche, pars, va-t'en », me soufflait Cendrars. Si j'avais été pilote, je serais partie dans le ciel, si j'avais été apnéiste, j'aurais plongé vers les abysses. Ma consolation sera une île. Ouessant, la plus éloignée des îles du Ponant, encore préservée de la standardisation des pensées et de la confiscation des plus fortunés. Un petit territoire idéal pour faire le tour de sa vie. Se cacher aussi et renaître dans le passage et l'exil que suppose l'écriture. Il y a dans ce bout du Finistère quelque chose qui offre la solitude nécessaire à cette descente au fond de soi. À cela s'est ajoutée l'envie de regarder dans les yeux ceux qui résistent debout face à la mer, loin des métropoles. D'écouter et de lire au revers des nuages les histoires qui éclosent comme les enfants nés dans le secret des tempêtes. Je vais puiser des réponses à la source des grands vents avec l'espoir d'un nouveau départ et laisser monter le rêve qui sauve de tout. Dans ce voyage à la verticale, je vais accorder mon pouls à celui des lieux et rencontrer les habitants avant qu'il ne soit trop tard car je crois arriver à un moment où Ouessant est en train de changer de monde.

Ce sera tout un hiver, sur une île bretonne.

Ce sera toute une saison, dans un sémaphore.

✧

Par le chenal du Four, on touche l'archipel des îles basses de Molène et les îlots de Béniguet, Quéménès,

Trielen, Bannec et Balanec. Le soleil irradie sur la mer et le Fromveur, fleuve sous-marin qui sépare l'île de la Grande Terre. Réservoir d'eau froide, ce courant maritime, parmi les plus puissants, agit en modérateur climatique. Si redouté, car il a déjà pris tant de vies, il est ce grand entonnoir de houle. Dès la pointe Saint-Mathieu, je savais pénétrer dans un monde qui tire loin ses filins entre les vestiges d'une abbaye à ciel ouvert et les piliers d'un phare encore en activité. Dans la solitude de ce cap se mêlent le sacré et l'esprit mathématique, les chants funèbres et les lentilles de Fresnel, la religiosité bretonne et la philosophie des Lumières. J'arrive sur Ouessant comme vers un voyage sans retour.

✦

Après avoir enroulé la balise noire et jaune de Men Corn, le *Fromveur II*, dans l'alignement du sémaphore du Stiff, trace vers la digue et la baie en empruntant le chenal entre deux plateaux rocheux. Dans un dernier virage apparaît Ouessant. Ultime avancée du Massif armoricain dans l'Atlantique, ses hauts plateaux et ses écueils dessinent en relief de grosses pattes à la fourrure de taupe. J'arrive sur cette île en *mouligenn*, c'est-à-dire en femme du continent qui va éveiller une inquiétude sinon une interrogation déjà ressentie à bord du navire. Dans cet automne naissant, l'île rougeoie et vacille dans la lumière du matin. Deux cormorans noirs et luisants plongent à pic. Un dauphin escorte le navire qui vise les abords sud, dominés par la tour-radar et un phare blanc et bombé. J'accoste sur cette île posée comme un petit verrou sur les grandes routes maritimes, entre la mer du Nord et l'océan Atlantique. Je débarque avec ce besoin impérieux de me retremper dans la soupe de mes origines nord-finistériennes par mon grand-père paternel, Louis Abolivier, un homme dur au visage d'Apache, parlant breton et traînant ses sabots de bois. Né avant la Grande Guerre, il a certainement rencontré des Ouessantines au pardon du Folgoët où, cette année encore, une vingtaine d'îliennes se sont rendues.

✦

Dès mon arrivée, je suis propulsée dans un parfum frais de fougères mêlé à celui, iodé, de la mer qui ne me quittera plus. Ouessant se détache de ses dernières heures estivales et glisse doucement vers l'automne. Dans cette mise au repos, elle se revêt de couleurs plus chaudes, celles d'une renarde alanguie. Les cyclistes sont encore nombreux. Dans quelques jours, l'île sera calme, vidée de ses visiteurs. Son rythme sera plus lent. Tout sera plus lent et montera en moi cette infinie douceur, juste idéale pour reprendre son souffle et poursuivre la conversation entre soi-même et le monde.

✦

Le sémaphore désarmé du Créac'h sera mon lieu de vie. Il est situé au nord-ouest, à l'aplomb de la mer, à l'exact opposé du port du Stiff où je viens de débarquer. Pour y parvenir, il faut traverser l'île de bout en bout en empruntant sa seule route départementale : la D81, dorsale d'asphalte. Le sémaphore est un bâtiment haut d'une vingtaine de mètres, posé comme une dent d'ardoise en biseau sous le grand phare qui éclaire jusqu'au large. Au pied du Créac'h, il a des allures de joujou. Construit sur un satellite de granite face à la mer, il est le lieu habitable le plus avancé de cette pointe de l'île. Une barrière de bois, mise à mal par la dernière tempête, délimite l'espace qui était autrefois propriété de la Navale. Je contourne les anciennes habitations destinées aux familles des guetteurs-sémaphoriques et remarque un brasero, des chaises en plastique retournées dans la lande et une corde à linge. Cachée à la vue, une série de marches de pierre s'organise en un mouchoir de poche triangulaire. Avant de m'élancer, mon regard dévale la pelouse marine jusqu'au rivage de la pointe de Pern où se déploie toute la violence de la côte.

✦

Accéder à la tour sémaphorique, c'est monter à bord d'un navire. L'escalier extérieur devenant dès les premiers mètres l'échelle de coupée d'un porte-conteneurs qui dessert son centre de vie, autrement dit le château. Me reviennent les images du *Fort-Royal*, bananier de la CMA-CGM à quai au Havre avant de gagner les Antilles ou encore de l'*Utrillo* de la ligne « Tour du monde ». Le sémaphore s'élance sur trois étages, chapeauté d'un toit-terrasse où un mât et ses haubans sont encore sur pied. Là, dans un jeu de coulisse, étaient accrochés des sacs et des drapeaux de couleur, comme autant de signaux météorologiques et d'indications pour les navires en transit au large : coup, saute de vent dans tel quadrant ou dans le sens contraire des aiguilles d'une montre. La croix signifiant l'ouragan : 12 sur l'échelle de Beaufort. Au-dessus, la chambre de veille est un balcon quasi circulaire qui flotte comme une auréole entre le ciel et la mer. Y pénétrer, c'est avancer dans un lac de lumière que l'on boit des yeux et du corps. D'un coup sont convoquées en ce lieu magique toutes les représentations maritimes qui avaient jusqu'ici frappé et nourri mon imaginaire : celles de Monet, Hokusai, de Staël, Courbet et tant d'autres étaient maintenant réunies pour constituer ce collage qui prenait vie sous mon regard. Dans cette superposition des bleus et des lueurs s'animait un nouveau dialogue qui n'allait pas cesser.

✧

J'allais vivre dans l'haleine de la mer, captive de cette bulle océane, de ses variations et de ses couleurs, du flux des nuages et de la houle. C'est simple, en entrant dans cet arc de cercle ouvert sur l'horizon, on reçoit un tel choc, une telle déflagration de lueurs crues que l'on en deviendrait ermite. Un court instant, je me dis que je pourrais décider de ne plus en sortir pour m'isoler de la furie du monde et vérifier mon goût pour la solitude. C'est ainsi qu'un jour d'automne, je suis arrivée. En suspension au beau milieu de l'océan, j'ai suivi la course du soleil et ai vécu l'éternité d'un jour, aimantée par le vide de l'immensité, dans le vent frappant par rafales. Le mouvement incessant de la mer faisait le reste et surtout l'essentiel, car à Ouessant tout est lié à sa présence immuable comme le temps des dieux. À partir de ce moment-là, j'ai su que je ne raterais aucun lever et coucher de soleil.

✦

Voilà des années que je n'ai pas posé mon sac
Finie la fièvre du voyage
Après sa circumnavigation
C'est Phileas Fogg qui saute du ballon en marche et se mue en Robinson
C'est arrivé comme cela
Je suis entrée au sémaphore avec ce sentiment d'arriver à destination
avec un rêve de voyage immobile à vivre,
un rêve de huis clos.
Polarisée par l'horizon
ne rien faire d'autre que guetter là où se couche le disque solaire
J'en aurais pleuré de joie
une puissance folle
avec derrière soi toute la poussée continentale
L'envie de claquer la porte au monde
et de se calfeutrer du dehors
de regarder la mer et ses lumières

Tu en as mis du temps, me dit une petite voix intérieure.

La chambre de veille devenant l'île dans l'île
un refuge
un cabinet d'écriture baigné d'un reflet de nacre
Là, je me suis sentie en gestation,

j'allais renaître dans cet œil, mieux, dans ce ventre de verre
en contact direct avec les éléments,
du premier jour jusqu'au dernier

✧

J'ai déposé mes affaires et suis ressortie presque aussitôt avec l'envie de goûter à cet après-midi ensoleillé et qui n'allait pas durer. Pendant quelques jours, l'île va vivre dans la queue de l'éclipse de la Lune rouge qui a lieu tous les dix-huit ans et provoque des marées extraordinaires : amples et vertigineuses. Je décide de mettre le cap sur Beg Pern, la pointe sud, et de marcher sur les rochers, très rarement à découvert, car toujours en prise avec le bouillonnement et la charge des vagues. La mer s'est retirée très loin, augmentant avec elle le bandeau de l'estran. J'explore les poches d'eau et les crevasses marines qui m'apparaissent comme des boules de merveilles, celles que je verrai chez les marins de la Marchande. Je m'assieds sur un affleurement où j'écris. Sur cette frange, on devine que c'est la mer et le vent qui dessinent l'île dans ses contours. Les éléments sont d'une telle ferveur qu'ils sculptent au feu les roches. Ces agressions donnent des formes en fusion, des mèches et des flammèches. Ils en sont lacérés, scarifiés dans des postures échevelées. Pénitents de granite à deux micas, ces rochers poussent tous dans la même direction et se dressent contre la mer et le ciel en visages de premiers hommes. Yeux clos, ils sont figés dans leur sagesse de Sioux. Nez busqués et coiffures de plumes, mentons en galoche et fronts fiers, ils regardent bien au-delà du Fromveur et semblent indiquer une direction de l'autre côté du monde. Certains ressemblent aux Moaï de l'île de Pâques ou encore aux grands Tiki marquisiens. Taillés dans une coulée volcanique, leurs yeux globuleux communiquent avec le monde des morts.

Ici, sur la pointe la plus occidentale
ces figures de roche
vidées de leur substance
sont des charbons de pierre calcinée
Os rendus à la terre
gisants desséchés
Ici, à Ouessant, ils te diront que leurs ancêtres étaient ces Indiens arrivés par la mer. C'était au temps où l'on vénérait les *men gurun*, les haches polies du néolithique.
Pierres magiques
Pierres de tonnerre
Elles protégeaient les familles et les animaux des malheurs. Elles donnaient le mana, la force de vie, comme disent les Maoris du pays du long nuage blanc. C'était du temps de mes aïeuls venus se poser sur la tête du monde : Pen ar Bed. C'est ce chemin que je choisis pour mon retour au pays natal, mon entrée par la porte de l'océan.

✧

Dans cette mise en route, j'ai récupéré un vélo, salué la libraire, fait quelques courses. Ainsi des pinces à linge pour une lessive de draps qui sèche au vent. J'ai évalué les deux chambres en me demandant laquelle serait la moins exposée aux faisceaux du phare, ai disposé mes livres dans la bibliothèque. J'ai pris mon dîner face à la mer. Dès lors, j'ai compris que vivre seule au sémaphore consisterait à cohabiter avec mon voisin, le grand phare du Créac'h qui surplombe tout de sa hauteur et me scrute de son réveil de verre quand le jour disparaît. Dans cette rencontre du troisième type, il faut se mesurer du regard avec ce ver luisant, mi-animal mi-robot, qui se dresse sur son appendice et ouvre ses larges soucoupes aux couleurs hyperboréales. Avec son cerveau greffé de huit bras de lumière, il semble tout droit descendu d'une autre galaxie. Sa tête chercheuse augmentée d'intelligence artificielle paraît capable de lire dans le secret des pensées et d'emporter les imprudents.

C'est ainsi que, dès la première nuit, je me suis roulée en boule dans la petite chambre, celle en forme de cabine de bateau, mur aveugle côté phare et fenêtre ouverte sur la mer. J'ai compris qu'il me faudrait du temps pour apprivoiser la présence écrasante de ce halo silencieux sans compter qu'elle joue des pinceaux toute la nuit. Quand vient le soir, je ferme la porte du sémaphore à double tour !

II

Dès les premières lueurs du jour, je me précipite à la chambre de veille. Je veux assister à la réapparition de l'île. Elle sort de la nuit noire et profonde. Dans cette phase d'adaptation, je continue à prendre mes marques.

Au suroît
quand la lumière troue et déchire la surface de la mer
quand elle me fauche d'une lame
et m'emporte dans le vortex des émotions

En ce début d'automne, alors que la météo est encore favorable, j'ouvre la porte donnant sur la coursive extérieure et respire les senteurs portées par le vent. Sur ce parapet ouvert sur l'océan, j'adresse un bonjour au ciel, un bonjour aux oiseaux, un bonjour aux vagues, comme une déclaration d'amour au monde et à la vie, aux rires des enfants aussi éclatants que les flaques de soleil sur la mer.

Chaque matin, je prends mon petit déjeuner et guette la boule de feu qui roule jusqu'à nous.

Traversée par les courants d'air et les nuages, j'attends le soleil

Je le vois qui arrive
Tout rouge, il sort de derrière le Créac'h
et il éclaire les nuées sur l'horizon
En face, dans douze heures, il se couchera sur la mer dans l'axe de Pern
Alors, je m'assieds
bois mon thé et contemple
le ciel et la mer
Les lumières sont des percées d'espoir

Dans un renversement des couleurs et comme dans un phénomène d'absorption, juste avant que le jour ne perce l'horizon, la couche nuageuse change, coule d'autres pigments et me renvoie ses rayons. L'orangé teinte le ciel d'un drapé oriental imprégné de sensations qui viennent de l'autre côté du monde. Une des grandes joies de mon séjour à Ouessant, perchée au sémaphore, est d'assister à l'éternel retour du soleil. Comme un rituel, je le guette dans le souvenir des aubes sur le Pacifique ou dans l'océan Indien. Assister à son lever est pour moi, la voyageuse, la plus belle présence au monde. Et je pense à Michel Tournier qui a inventé le mot d'héliophanie en nous racontant la vie de Robinson naufragé à l'embouchure de l'Orénoque.

✦

Quand la mer devient plus lointaine, le piaillement des oiseaux se fait plus aigu et je les vois qui apparaissent, compagnons du sémaphore. Kri-kri-kri, j'entends le cri métallique des craves. Ce sont des petits corbeaux, très élégants avec un bec rouge et des plumes noires aux reflets bleutés. En colonies, ils nichent à l'écart dans une grotte et se nourrissent de larves qu'ils picorent sur la pelouse marine. En merveilleux acrobates, ils s'envolent en rasant les arêtes du sémaphore tandis que, sur la lande élastique, bondissent des lapereaux titubants comme des enfants qui découvrent la marche. Pas un souffle de vent, je vais poursuivre mon exploration de l'île. Une nappe blanche trouble l'horizon et nous enveloppe d'une douceur de ouate. C'est le rêve fragile de l'océan soulevé par le *stratus maritimus*, né des épousailles des eaux froides du Fromveur et d'une atmosphère plus clémente. En cet été indien, nos esprits sont pleins de ce sentiment météorologique qui nous fait chavirer à mesure que les contours de l'île disparaissent sous une étole de brouillards. Ce phénomène, qui a lieu le plus souvent entre mai et octobre, a longtemps été nommé brume d'épouvante. Il a trompé tant de bateaux éperonnés par les écueils qu'il continue d'entretenir des visions de naufrages. Molène, l'île cousine, en est épargnée.

✦

Je regarde la météo annoncée, comme je le ferai tous les matins de mon séjour. Le temps est calme : couverture nuageuse partielle. 14 °C et un vent à 11 kilomètres à l'heure. La mer monte et sera haute à 15 h 17. Dernier croissant de lune. Un mouton solitaire se promène sur la pelouse, boule de laine toute noire qui trotte au pied du sémaphore. Je sors. Sur la route du grand phare, une coulée de fougères brûle et ce fumet acide me court après. Il me parle des femmes qui ramassaient autrefois les ajoncs, les racines de genêts, les laminaires et les mottes de tourbe qu'elles déposaient dans la cheminée pour cuire à l'étouffée le dîner, constitué de ragoût de viande de mouton, de poisson, de bernique ou de cormoran. De riz au lait aussi. Autant de plats mijotés au parfum caramel de bois. C'était au siècle passé, avant que l'île ne soit gagnée par les ronces. Ouessant se teinte de reflets cuivrés. Le flux et le reflux de la mer m'aident à trouver mon rythme et surtout à le ralentir. Ce matin, je vais réaliser ma première aquarelle : poser mes yeux sur le paysage pour mieux ressentir les vibrations du lieu et me délester de ma cadence citadine. Je vais en direction de la côte nord de l'île, vers Kernevez et Kergadou. Le long de la route, des lapins détalent et disparaissent sous les ajoncs vanillés. La côte est partout rongée et grignotée par les assauts du vent et de l'océan. Terre fragile, elle est cette gencive minée à la racine qui donne des morceaux fertiles couleur chocolat. Le vent fait frissonner la surface de l'eau. Contre le ressac, il suspend le temps.

Dès mon arrivée, on m'a dit
ne décide pas de ta journée
va bout au vent
va avec le paysage
l'île s'offrira à toi

C'est ainsi que je suis allée toute gonflée de vent et d'envies arc-boutée sur mon vélo, en étoile et sur toutes les routes

✦

J'ai pédalé jusqu'à la plage de Port Corz, anse de sable noir qui surgit comme la face ténébreuse de l'île. Là se situe l'articulation entre les deux péninsules, celle du nord et celle du sud. Il se raconte qu'à l'église, lors des offices, les Ouessantins du nord s'asseyaient à droite et ceux du sud à gauche. Si un jeune homme adressait la parole à une jeune fille assise de l'autre côté, il se faisait rabrouer par sa grand-mère. Il y aurait donc eu deux îles en une, certains disent beaucoup plus : des îles dans une île, comme des clans ; des familles à l'image des moutons, qui de part et d'autre ne se mélangent pas ! Cet après-midi, l'onde marine se déploie et se prolonge au plus loin de ce qu'elle peut donner. Elle n'est contrariée par aucun rocher. La mer mouille l'anse et s'évanouit dans le sable, m'apportant mon content de liberté. Toute île est souvent comparée à un univers carcéral et j'imagine par moments qu'elle se referme sur moi. J'ai en tête la carte marine d'Ouessant qui ressemble à une pince de crabe. Le ressac dans son va-et-vient soulage l'étreinte redoutée. Je suis dans une période d'observation où un faux pas entraînerait la mise à l'écart ou la prise en tenaille immédiate. Mon regard court sur la lande et à cet instant mon esprit s'évade, comme d'un étau. Je mets le cap sur l'autre péninsule, langue de terre alanguie vers le sud où s'ouvre un nouvel univers dans sa dimension plus douce. Les façades des maisons sont comme des visages qui m'invitent à la rencontre et à la découverte. Toulalan et Feunteun Vélen, c'est l'Irlande à Ouessant, la péninsule de Dingle parcourue en taxi mauve. À cet instant, un vent transporte un déchaînement de cloches qui secoue le bourg de Lampaul et couvre la rumeur de la mer. Quelqu'un est mort cet après-midi sous ce soleil automnal. À vélo, je dévale le virage en courbure d'asphalte et accompagne ce départ vers l'autre rive. Au bout de l'île à Porz Goret et Porz Doun, je vais à pied par un chemin qui longe la côte escarpée. Là, une femme se promène avec son chien et siffle le phoque gris qui habite la baie depuis plus de quinze ans. Il fait le pacha dans l'eau et éloigne les goélands. En contrebas, des pipits maritimes retournent le goémon et les coquillages. Elle m'apprend, de son accent qui roule, qu'à Ouessant, on termine les mots, c'est-à-dire que l'on prononce toutes les lettres jusqu'à la dernière. Parler, c'est comme vivre jusqu'à la chute finale car au bout de la route, c'est le fossé.

✧

Ici aussi sur la côte sud, je constate le recul du littoral face au lent travail de sape de la mer. La vague ne peut se comprimer comme l'air. Elle se gonfle, gagne, lèche, polit, lime et se soulève en ourlet d'écume. Elle déroule ses paquets d'embruns qui passent par-dessus les écueils pour s'échouer sur la lande. Ses cristaux de sel rongent et jaunissent l'île. La *moudez*, c'est-à-dire la pelouse marine, disparaît et les falaises se désagrègent et se craquellent en une infinité d'éclats de roches pilées. Dans son action prédatrice, la mer déplace et déchausse des blocs cyclopéens qui tombent en chaos et viennent grossir la grève de galets. Sans nul doute, c'est une redoutable dévoreuse, et face à elle, le bras de fer est perdu d'avance. J'apprendrai que les fortes tempêtes de l'an passé ont emporté quelques centimètres de la côte. Les paysages comme les visages ne sont pas figés. L'île serait-elle vouée à se dissoudre et à disparaître ?

Dans le réchauffement généralisé de la planète, irons-nous tous à la dérive ? À moins de faire le bouchon comme le phoque qui montre à présent ses moustaches !

✦

En fin d'après-midi, je suis repassée par le bourg. Les femmes commencent à préparer les tombes, à les nettoyer et à les fleurir, en perspective de la Toussaint. Je suis allée chez Paul le brocanteur de Liverpool. Ai acheté une théière car écrire, c'est boire du thé ! Retour sur la route du phare avec le vent dans le dos. Attendaient, au pied du sémaphore, trois moutons noirs qui regardaient fixement le large. Ce soir, dîner à la chambre de veille : soupe poireaux-pommes de terre. Une traînée rose s'étire dans le ciel. J'entends le cri des goélands. À la pointe de Pern, le phare du Nividic clignote. Le Créac'h a certainement commencé son balayage, mais je ne vois pas encore ses yeux de hibou !

✦

Il est 22 heures, le vent forcit et j'ai l'impression d'être dans une lessiveuse. Il s'abat par rafales contre les vitres, se faufile comme un serpent cracheur. Une lutte acharnée débute. Même les faisceaux du Créac'h paraissent vaciller et toute la colonne d'escalier vibre sous les attaques. Je descends dans ma chambre. Allongée, je guette le moindre son. Le bâtiment dans son entier s'anime de mille bruits et de craquements inconnus. J'écoute les syncopes du vent qui devient cette voix de tête. Il est une indication de l'état de la marée. Les penderies grincent, comme le faisaient autrefois les armoires dans les logements du phare sous l'effet des tempêtes et des vibrations des moteurs de la centrale électrique. Je suis sur le qui-vive. L'air se comprime à l'intérieur du bâtiment comme une large main qui retient les issues, empêchant quasiment le passage d'un étage à l'autre. J'imagine toutes les présences et vies anciennes dans ces lieux qui ont vu tant d'allées et venues. Je claque les portes pour chasser ce génie facétieux qui s'amuse à me faire peur. Sous le seuil et par tous les interstices suinte la respiration de l'air. Abrasif, il échauffe les sens. Encagé dans les haubans sur le toit-terrasse, il répète sa plainte de feu. Cette nuit, je découvre que le sémaphore respire, siffle et tremble. Des myriades de personnages et de nuages traversent le plafond en même temps que tournent les faisceaux du phare. Ce vent joue les transformistes comme dans les civilisations amazoniennes quand on devient caïman, grenade ou poisson-lune. La cage d'escalier est aussi cheminée ou chambre d'écho pour harmoniques désaccordés et brûle d'une sonorité qui monte et descend à sa guise vers des battements de tambours africains. Quand cela ne suffit pas, il se fait passe-muraille et s'engouffre sous les portes pour ressurgir de l'autre côté à la manière d'un chant funèbre. Je suis tombée de sommeil en même temps que la mer est descendue, tirant avec elle toute sa petite foule de personnages. Le lendemain matin, j'apprendrai que les rafales sont montées à plus de 110 kilomètres à l'heure. Ce n'est qu'un début !

Et si nous n'étions que des îliens au cœur de la galaxie ?

En une nuit, Ouessant m'a révélé sa part d'ombre. Comme un appel, j'ai compris que j'allais puiser ma renaissance dans cet ultra-noir qui infuse partout, sur terre comme sur mer, dans le cœur des femmes, aussi. Les Ouessantines sont captives de cette couleur car elle éponge le malheur. Elles te le diront, c'est dans le noir que l'on se réveille à la vie. J'en passerai donc par une plongée dans les zones les plus sombres de l'île. Un monde fait de failles et de crevasses, de doutes et de confessions, là où peut surgir la lumière, comme les éclats du phare dans la profondeur de la nuit. Le drame et le décor sont là, et bien plus encore. On ne tarde pas à se découvrir une passion pour le jeu de go et le mécanisme des grandes horloges. Et le Créac'h, dans sa dichotomie des couleurs, donne la note sur la partition insulaire. Grand fauve des plaines aux allures de zèbre, il domine l'île de son panache bicolore. En chef d'orchestre d'un ensemble symphonique, il entre dans la danse au diapason du soleil. Sa tête de poivrier se met en rotation et déploie ses bras de lumière tandis que ses phares cousins, comme autant de sphères cristallines, trouvent leur place dans un merveilleux roulement à billes. Il faut dire que dans ce Far West tout tourne en multipistes et nous avec, dans un mouvement lent, tellement lent qu'une quasi-immobilité nous projette dans l'éternité. On se voit sortir du monde des vivants et mettre sa vie au repos. On devient plus disponible et on saisit les infimes variations de lumière sur la mer et dans le ciel. Se sentant à la fois hors d'atteinte et hors du monde, on ouvre les vannes de l'intuition et on communique avec les forces de l'invisible. C'est ainsi que, dans cette valse à trois temps, nous devenons tous philosophes. Il arrive aussi qu'à ce carrefour des grands vents, tout commence à tournoyer avec rage et violence et que, soudain, comme un voilier pris dans la pétole, tout s'arrête net. Nous revenons aussi sec à la vie, comme sortis d'un rêve éveillé, accablés d'une brusque fatigue. Le découragement se lit alors sur les visages et se perçoit dans les voix devenues plus lasses et mélancoliques. À Ouessant, comme à bord de la Grande Roue du Prater à Vienne, on passe par tous les états d'âme, du soleil radieux au grand frais. On touche à son point de démence : à coups de baume sur la tête et de pied dans les chaises, on voit de près le pot au noir. Alors la pensée tout étourdie et avant de finir comme une toupie, on part faire le tour de l'île, de jour comme de nuit, en comptant les éclats et les couleurs. Dans cette dérive circulaire, on se prend à confondre l'œil du phare avec le halo argenté des soirs de pleine lune !

III

À Ouessant, c'est le noir qui prédomine. Il donne force aux différences. C'est la couleur des pirates et des poètes anarchistes. C'est aussi le noir des cheveux des femmes corsaires. D'après certains, elles ont quelque chose d'italien qui viendrait d'une lointaine migration. C'est le noir des tenues vestimentaires d'autrefois : les sabots, les bonnets, les châles que l'on voit sur les photos, celui du pavillon hissé sur les maisons en construction ou encore celui des laminaires peintes par Mathurin Méheut, si profond que s'y reflètent toutes les nuances, du pourpre au violet. Cette algue était considérée comme de l'or. Il fut un temps où l'île entière embaumait de cette odeur prégnante de varech que l'on charriait depuis les grèves pour nourrir la terre. Cet ultra-noir aux tonalités mates absorbe toute la lumière et donne une coloration orientale à ce pays où les femmes portaient leurs cheveux tressés à la mode japonaise. C'est le noir des lumières du cinématographe d'Epstein ou des paysages de bois gravé, taillés au burin dans la retenue du geste, captant, dans leurs reliefs, la dimension invisible de l'île et l'âme de ses habitants. Et cette couleur de suie, qui en fait perdre la notion du temps et de l'espace, me serre le cœur. Je la vois voler certains soirs en traînées de poudre dans le ciel. Elle déteint sur la vie nocturne où les habitants cachent tout ce qu'ils ne veulent pas voir, ni dire. Il y a enfin l'ombre des nuages qui balayent l'île sans cesse, traversent les regards et rattrapent la mer. Gigantesque main d'encre pleine de gravité. Il faut voir quand la mer entre dans une rage et déferle en écume blanche à faire pâlir tous les oiseaux du monde. Dans ces moments-là, surgit une autre teinte, plus tragique encore, celle de la mort qui nous frôle et reste tapie au pied des murets. Dès les premières paroles entendues, j'ai compris que l'île entretenait un rapport particulier à l'*Ankou* qui rôde, interpelle, plane de sa silhouette ailée de Grande Faucheuse. Dans ce lien intime avec l'océan s'entrelacent, sur cette île plus qu'ailleurs, la vie et la mort. Tous ont un frère, un cousin, un père disparus en mer. Plus que jamais, la vie sur une île ne tient qu'à un fil et toutes les histoires parlent de la fragilité des choses et du jour où tout a basculé, en une fraction de seconde. On va à la côte poser ses casiers et on est enlevé par une vague. On est allongé sur le plateau du phare et une lame nous emporte. On va à la grève aux pouces-pieds pour ne pas en revenir : des drames de mer dont il est impossible de se consoler.

✦

J'ai vite été mise au diapason. Dès mon arrivée, on m'a dit, va au hasard et tu apprendras le meilleur comme le pire et tu verras qu'il n'y a pas que les rochers qui sont sculptés par le vent et les tempêtes.

Ces îliens et ces îliennes sont tellement bouleversants dans leur posture d'éloquence figée au cœur des cristaux de granite. Leurs silhouettes et leurs visages sont conditionnés et façonnés par le climat et la géographie de l'île, posée comme un confetti à la proue du monde. Les caractères et les tempéraments en sont modelés pour des générations entières. Et dans ce grand chaudron tout est exaspéré, la gravité se lit sur les peaux et éclate dans les regards. Les Ouessantines ont la beauté fière et ténébreuse de l'île burinée par les coups de tabac. La femme d'Ouessant est la Marquisienne du Ponant, le visage rincé par une pluie traversière, comme le chantait Brel. Ici, rien n'échappe à leurs yeux de mouettes qui vous toisent de toute leur attitude altière de danseuses de flamenco. Elles ont l'élégance farouche et le caractère majestueux, mais les yeux sont parfois noirs à vous crucifier sur place malgré la grâce de leurs gestes ancestraux, ténus comme le tissage de la laine. Va et tu apprendras que dans le souffle de la haute mer, trop d'extase tue l'extase. Ici la retenue est de mise, on n'exprime pas d'emblée ses sentiments et peu sa féminité. C'est ainsi qu'elles se font respecter des hommes. Distantes, elles le sont aussi face aux touristes d'un jour. Les plus jeunes adoptent ces mêmes attitudes volontaires et elles n'en sont que plus belles. Il s'agit de tenir tête à la vie sur l'île, au vent et à la mer. Mais, il ne faudrait pas se faire d'illusions, nous ne sommes que de passage dans les vies de ces femmes. Le ton est ferme et le menton haut. D'un coup d'œil, elles tapent du talon pour signifier la fin de la partie. Il leur est, en effet, difficile de s'attacher à des personnes dont on sait qu'elles repartiront comme elles sont venues, avec le prochain bateau ou la marée suivante. C'est ainsi que j'ai compris qu'il fallait prendre le temps, autrement dit, se faire oublier pour se faire accepter. Se garder de parler tout à trac et attendre. C'est le temps et la distance nécessaires pour qu'elles jugent l'étrangère. Et puis, un jour d'hiver, les portes et les cœurs s'ouvrent, le temps d'un café, on perçoit combien leur générosité et leur chaleur peuvent être grandes.

✦

Je reconnaîtrais l'anse du bourg de Lampaul les yeux fermés. À marée basse, elle embaume d'un parfum iodé presque sexuel où les laminaires nagent en épaisses chevelures dorées. J'avance avec l'impression de flotter dans ce monde aquatique et voluptueux, de respirer dans un coquillage aux puissants effluves qui me soulèvent comme l'amour. Je descends sur le quai comme les anciens Ouessantins et fais le tour de la cale. Je les regarde, la casquette vissée et les mains au fond des poches. Ils viennent humer l'air du large, juger l'état de la météo, se dire qu'ils vont mettre leur plate à l'eau pour aller relever les casiers. Ils font partie des derniers vieux solides de l'île. Je parcours les rues du bourg comme je marcherais au creux d'une huître. Je poursuis vers Goubars où vécut Rose Héré, la sauveuse du *Vesper*. Dans cette montée, l'ethnologue Odette du Puigaudeau est venue et raconte comment, le premier soir de son arrivée, elle y chercha un gîte, mais fut froidement reçue. Alors que le vent joue de la scie musicale dans les lignes télégraphiques et donne la direction du bourg, je croise à bicyclette Jeanne qui revient de la boulangerie.

Elle a de l'énergie à revendre. Elle aime filer la laine et jouer aux cartes, tard dans la nuit.

✦

Avancez donc dans la maison ! me dit Jeanne habillée de sa blouse bleue.

Jeanne est née à Kerc'héré, le village du cordonnier, dans la maison que son aïeul maternel a fait construire à son retour de voyage. Comme beaucoup de femmes de l'époque, elle est allée au cours ménager avant de devenir couturière.

Elle se souvient de sa jeunesse heureuse, quand l'île était noire de monde et de travail, et les femmes toutes penchées sur cette terre de misère. Pour les hommes, le gagne-pain était sur la mer tandis que les femmes, économes, tricotaient à la lumière de la lune. Leur plus belle richesse était le cœur qu'elles mettaient à l'ouvrage.

✦

Jeanne me parle avec toute l'émotion contenue dans les souvenirs qui déferlent par vagues et au fond des yeux. Il y a de quoi ! Son grand-père est parti trois ans au gré du vent, de Dunkerque à Bordeaux, pour trouver un embarquement jusqu'à Vancouver. Il a doublé trente-six fois le cap Horn dans les deux sens. C'était le temps de la marine à voile et du scorbut où l'on chargeait de la viande sur pattes. Des moutons et des poules. C'était le temps du « shangaïage » quand on soûlait les hommes pour qu'ils montent à bord et qu'ils se réveillaient sur la côte ouest ou en

Chine ! Jeanne s'est mariée avec un marin et a eu deux enfants. Puis sont arrivés les voyages. Jeanne aux yeux clairs raconte qu'elle a accompagné autant que possible son homme, maître d'équipage : huit mois au début, puis trois mois par an pendant vingt-cinq ans. Elle faisait la tournée du Nord et les ports français : Dunkerque, Le Havre, Bordeaux, La Pallice, La Ciotat sans bouger du bateau. Elle adorait naviguer et le contact avec les gens du pays. C'était l'époque florissante des cales à vider et des journées d'escale. Certaines femmes montaient à bord clandestinement. Quelques heures, tandis que d'autres passaient en fraude des paquets de cigarettes ou du thé cousus dans la doublure de leur manteau. L'île d'Ouessant était une pépinière de marins de commerce. Oh il y en avait ! Les bassins étaient remplis de bateaux et, d'un quai à l'autre, les Ouessantins, qui travaillaient sur les navires affrétés par les Messageries, se rendaient visite. Écoute-les et ils te diront qu'à Marseille, il ne fallait pas déranger les Bretons qui faisaient la sieste. C'était une vie de rêve, même si les séparations étaient longues. Avant l'arrivée des téléphones à bord, Jeanne parlait à son mari *via* Saint-Lys radio. Elle envoyait du courrier collé sur de petits papiers bleutés en taisant les nouvelles qui auraient pu l'inquiéter. Aussitôt lue, la correspondance était jetée au feu.

Petite Jeanne, petite dame
se souvient
Petite-fille de Martin-ar-Picard
que tout le monde appelait Pacifique
lui et ses longues bacchantes
Il était bosco et grimpait dans les mâtures

Un jour de mauvais temps
il est tombé à l'eau au cap Horn
Parti avec une vague,
bord sur bord à la troisième,
il est remonté sur le pont assommé comme une grenouille

Combien de fois le dimanche, à l'hôtel de La Duchesse Anne, a-t-il conté son histoire de marin miraculé ? Les yeux de Jeanne fouillent les images à jamais imprimées de son enfance quand son aïeul décrivait les icebergs coupants et la glace translucide qui s'ouvrait à leur passage. Les marins attendaient des mois, dans le froid de la banquise, que soufflent les vents portants. Et tout ce petit monde écoutait bouche bée les histoires du bout du monde, du bout de l'Amérique, de la Voie lactée qui brille plus qu'ailleurs, de la Croix du Sud qui les guidait, des aurores australes et des ambiances bleutées. Le pouvoir de l'imagination était plus fort que celui de la télévision. Vous saviez, nous étions riches en savoir d'écouter le grand-père voyageur. Riches, pas en argent, mais en savoir !

Jeanne possède encore le coffre en bois de camphre de Martin et, accrochée comme un trophée, la demi-coque qu'il a nommée *La Louise*, du prénom de sa femme emportée si jeune au temps où, à Ouessant aussi, on mourait de la grippe espagnole. Il l'a fabriquée avec de la toile peinte et a taillé les bastingages dans de l'os d'albatros, ce voilier des mers du Sud que les hommes pêchaient à la ligne pour les repas de fête. Jeanne redouble du plaisir de raconter et tout son visage s'illumine.

Ma tête Béniguet
Du cap Horn à Penn ar Bed
j'en serai tombée à la renverse
Os de Malamoks
et jour de fête
Il y a bien là un os à deux têtes !

Martin-ar-Picard avait rapporté des pommes de terre bleues de Valparaiso qu'il avait mises à germer dans du terreau et, un siècle plus tard, cette année encore, sont venues deux petites patates au goût de noisette ! On dit que c'est pour cela que, certains soirs, le ciel d'Ouessant est tellement violet. En voilà, une histoire à tomber par terre !

✦

Toutes ces paroles et toutes ces histoires
tiennent en un bout de toile cirée
sur le dos moins usé
toile enduite et encadrée
au-dessus de la cheminée
par la chaleur recroquevillée
Regarde le navire Archambault
sur lequel un père adoré a navigué
D'une casquette coiffé,
il est ce figurant sur cette photo floutée
Entre deux escales, il avait peint son navire
Regarde encore l'Archambault qui un jour a fait naufrage
sur la barrière de corail en Nouvelle-Calédonie
il est accroché juste là
Tourne la tête je te dis, il est là derrière toi !

IV

On m'avait dit, pars et écoute les Ouessantines, dernières à témoigner d'une génération qui disparaît. Elles ne sont plus beaucoup à pouvoir encore raconter, mais elles sont encore là. Jeanne, Malou Coop, Violette et les autres. Elles se présenteront à toi dans toute la jeunesse de leur regard, les joues et les mains chaudes, la voix chantante et le pas vif. Femmes de marins au long cours, sœurs de pêcheurs, femmes de gardiens de phare ou de guetteurs-sémaphoriques. Il faut aimer ces femmes qui n'ont pas eu d'autres choix que d'être fortes et courageuses. Matrones disent certains. Pendant trois siècles, elles ont tenu et façonné l'île à une époque où les hommes étaient contraints de la quitter pour servir la Royale ou le Commerce. Jusque dans les années cinquante, Ouessant fut ce grand gynécée vivant sur lui-même. Il le reste de façon subtile face à l'océan. Ouessant continue d'être « l'île aux femmes » et cela n'a rien d'un cliché. J'avoue l'avoir cru avant mon arrivée sans me douter à quel point Ouessant est une société avant tout féminine et c'est là une des plus passionnantes découvertes que je ferai. Aujourd'hui, j'ai le sentiment que, par leur exemple, ces îliennes insufflent une fierté à celles venues d'ailleurs. Elles leur redonnent confiance. C'est comme cela que je le vis et le ressens. Autrefois, elles n'avaient pas choisi d'endosser le rôle de femmes aux multiples casquettes : robustes et viriles par nécessité, prenant alors la place de l'homme. Il fallait qu'elles soient capables de tout faire en chefs de famille, de décider pour elles et la communauté. Elles travaillaient ensemble et certaines étaient marieuses, plus tard mairesses. Je les écoute raconter leur vie dans le vent et le froid. Elles ont vécu leur jeunesse dans l'entraide. En jardinières de l'île, elles savaient nommer en breton les champs à fougères et les hameaux, la mer et le ciel, le vent et la couleur de l'âme. Trois à quatre générations de femmes vivaient ensemble, régulièrement sans mari. Leurs réunions, les *gorzes*, qui existent encore aujourd'hui, plusieurs fois par semaine, en gardent le souvenir. Elles avaient le sort de l'île entre leurs mains et ce n'est pas rien. Elles en ont tiré la plus importante des richesses : leur liberté et leur indépendance.

✦

À Ouessant, les femmes se sont de fait habituées à se passer des hommes. Elles les voyaient constamment partir et puis elles finissaient par ne plus les attendre, pour finalement souhaiter qu'ils ne s'attardent pas sur l'île. Il est dit et il est su que des mères comme des épouses ont contacté les Compagnies maritimes pour rappeler les hommes au large. Marre de les avoir dans les jambes toute la journée, qu'ils soient leurs maris ou leurs fils. On m'a raconté qu'une fois que les mères avaient eu leur ragoût de bernique, le télégramme arrivait et le fils repartait ! Elles étaient d'une modernité folle et elles aiment rappeler qu'elles décidaient de leurs mariages en choisissant leur futur époux, souvent plus jeune qu'elle. « Croche dedans si tu peux, il n'y en aura pas pour toutes », disaient-elles. Au XVIIIe siècle, quand une femme jetait son dévolu sur un homme, celui-ci se couchait dans son lit et la jeune fille déposait à côté de lui un morceau de lard et du vin, puis elle attendait. S'il était d'accord, il buvait et mangeait l'offrande proposée et ainsi commençait une période de cohabitation sous le même toit, avant tout engagement. Même après l'union, elles conservaient leur nom de jeune fille : une pratique qui perdure sur l'île. J'écoute ces femmes du bout du monde, car elles savent l'histoire, de leurs mères et de leurs grands-mères, devenues veuves trop jeunes. Il s'agissait d'une époque où tout était tabou et où trop d'entre elles ne se remariaient pas. Leur vie s'organisait autour d'une religion omniprésente rythmée par les pardons, les processions et les messes qui se faisaient à tour de bras et en avant sur ce caillou de misère. Restées seules, elles se consolaient en faisant une ronde comme une pensée triste qui se danse. Et puis la modernité est arrivée quand les marins furent mensualisés. Ce fut un changement de vie énorme pour elles lorsqu'il ne fut plus nécessaire de retourner la terre. L'agriculture fut presque abandonnée et les friches ont commencé à s'installer. J'ai le sentiment qu'aujourd'hui encore elles seules ont autorité sur un monde qui leur est réservé. Elles agissent de façon souterraine et invisible, jouant un rôle plus secret que sur le continent. Elles tirent les ficelles d'un territoire morcelé et corseté de plus de 50 000 parcelles. Se pencher sur Ouessant, c'est passer des heures sur un canevas à essayer de comprendre tout leur minutieux tricotage. Le génie de cette société de femmes est d'avoir survécu sur ce caillou où elles continuent de filer la laine à l'image de leurs vies tissées d'histoires et de passions. Cette terre m'apparaît compliquée à l'extrême comme la lande verrouillée par les friches. Quelque chose s'est noué durablement et semble étouffer un avenir possible. Pourtant l'attente et le désir d'un nouveau départ sont bien là. Il faudra un peu de patience et de confiance envers les femmes jeunes car l'avenir passera à nouveau par elles. Je ne me risque pas beaucoup à dire que Ouessant bougera quand une femme sensible et intelligente prendra les rênes et sera à la tête de cette communauté. Il suffirait d'une seule pour que l'île tout entière se réveille.

✦

Écoute-les et elles te diront
l'oiseau n'a qu'à manger les mûres tout de suite
ça fait des graines tout de suite
si tu n'es pas là pour les retirer tout de suite
elles te feront un buisson tout de suite
l'île est perdue faute d'avoir des vaches
avant elles étaient à l'attache ou bien n'importe où
c'était un temps où les champs étaient bondés
et où c'était *gaïf*
Écoute bien car si ça continue
on va envoyer ses chevaux à Molène
et pas demain
tout de suite

✧

Aujourd'hui, les plus jeunes comme Lætitia, Laurie, Ondine ont le charme de jolies garçonnes. Ce sont elles qui donnent la plus belle coloration à l'île. Avec leurs vingt ans, avec leurs trente ans, elles ont le tempérament de leurs grands-mères. Déterminées, elles reproduisent les mêmes comportements, les mêmes regards, parfois aussi rigoureux, elles font corps tout en s'interrogeant sur les autres filles, trop indépendantes, qui choisissent de faire autrement. En fait, il m'a fallu un peu de temps pour comprendre que ces femmes, pour la plupart, défient la Grande Terre. Même si à Ouessant on vit maintenant comme tout le monde, on peut en oublier le reste du monde ! Être Ouessantine aujourd'hui, c'est revendiquer une très forte appartenance et se sentir avant tout îlienne, c'est développer un lien de parenté avec d'autres îles. Comme si les Ouessantines avaient plus à voir avec les Polynésiennes ou les Aléoutiennes qu'avec les Brestoises. Il y a là une communauté de personnalités, d'histoires et de parcours de vie où les hommes apparaissent aussi, bien sûr. Ils ne sont pas exclus, mais, qu'on le veuille ou non, ce sont les femmes qui continuent d'être à la manœuvre. Les plus anciennes s'investissent dans les clubs et associations. Elles occupent les premiers bancs de l'église et lisent la messe en l'absence du curé. J'ai compris au fil de mes conversations que ces femmes sont les mailles de transmissions mystérieuses, faites de lointaines croyances et de superstitions. Elles me font penser aux Maories qui jouent de la flûte nasale et communiquent avec les dieux, connaissent et pratiquent le tatouage de couleur indigo qui révèle leur force et les tabous. Elles connaissent par cœur les lignages inextricables et complexes des familles.

Et puis il y a eu les pionnières qui ont fait disjoncter le système. J'ai une tendresse particulière pour celles qui se sont émancipées du groupe et ont eu des parcours plus personnels. Jeanne Berthelé, la première femme mairesse, supprima la corvée des routes. Plus récemment, Violette fut figurante dans les films d'Epstein, Malou Coop est allée jusqu'à l'Élysée réclamer un port abrité pour Ouessant. Elle et d'autres de l'île se sont rendus à Paris avec leurs banderoles fabriquées dans les vieux draps de leurs mères, pour dire comment « étaler le beurre sur le pain sec (comprendre Le Pensec, ministre de la Mer) » et surtout que « sans port Ouessant crève ». C'était clair et net, comme toujours.

✦

Cet après-midi, je suis allée au bourg poster une lettre, boire un café, acheter du pain aux noix, saluer des visages connus. Je suis invitée samedi à manger des moules-frites. Ai pris contact avec la direction des Phares et Balises pour obtenir l'autorisation d'accéder au Créac'h. C'est un rêve d'enfant de gravir le phare, l'un des plus hauts de tous, celui qui fut le plus puissant du monde et renferme le génie de l'optique. Un désir aussi fort que de monter un jour dans une fusée à cap Canaveral ! Puis, suis rentrée dare-dare à la chambre de veille, le lieu idéal car porteur de rêves.

✦

Ce soir, le vent et la pluie reprennent de plus belle et en deviennent épuisants. L'apiculteur a mis ses abeilles noires à l'abri et j'ai regagné mon nid d'aigle malgré l'humidité. Des marcheurs emportés comme des fétus de paille traversent la lande et mon regard est irrémédiablement attiré par la pointe de Pern et le phare du Nividic, au nord-ouest de l'île, à l'oblique de mes vitres. Jamais, sur Ouessant, on ne peut oublier que nous sommes comme sur un navire en haute mer et que tout mène vers le sacré. Ce phare et ses téléphériques dressés en tête de diplodocus émergent comme le plus beau décor, à la fois vivant et décadent, où tout peut surgir. Et je vois les derniers vestiges postindustriels d'une cité du futur quand, il y a bien longtemps, dans sa démence, le dernier dictateur a sombré, entraînant avec lui son peuple. Le Nividic en colonne corinthienne tient debout et veille sur cette désolation. Dans cette roue du temps, qui tourne à perpétuité, arrivent ceux qu'on n'attendait plus. Nés d'une ultime convulsion du monde, les voilà qui émergent de la poussière marine. Ils essaiment comme une migration venue du fond des âges, une décharge de mélancolie. Je me dis qu'il n'est peut-être pas trop tard pour recommencer.

✦

J'attrape mon bonnet et sors

Je marche sur la lande comme j'arpenterais les lignes d'un bois brûlé au sel des tempêtes

Et à la flamme de la lampe
je scrute cette ouverture sur l'éternité
j'entends la corne de brume qui mugit entraînée par une ronde de chevaux
Là chaque matin et chaque soir
à chaque marée montante et descendante
se joue à jamais rassasié
le plus beau des spectacles
celui du premier jour
et je perçois les animaux qui s'ébrouent
dans la grande cour, cette antichambre de la mort,
et dans le brassage des cendres déposées
tout me revient en tête de cachalot
Tarkovsky n'aurait pas fait mieux

V

Dès le premier jour de mon arrivée, j'ai su que le sémaphore tiendrait une place centrale dans mon expérience. Même s'il a tout, dans sa conception et sa dimension utilitaire, du logement de fonction, il est par ses ouvertures la maison rêvée face à la mer : le lieu que j'attendais. Jusqu'en l'an 2000, il fut propriété de la Navale et des hommes y évoluaient en uniforme bleu marine aux épaulettes dorées. Il est aujourd'hui désarmé, il n'a plus pour mission de surveiller le trafic. Autant dire qu'avec ses murs couleur crème, ses escaliers recouverts de lino, sa main courante et ses sorties de secours, ses portes rouges, on dirait une gendarmerie de sous-préfecture. Et si on se prend à envisager subitement une existence de fonctionnaire, quand on monte à la chambre de veille, on est aussitôt catapulté dans la dimension du rêve et de la poésie. Y vivre donne un sentiment très puissant de légèreté et de vulnérabilité qui nous remet à notre place dans l'univers. En arrivant au sémaphore, j'ai compris qu'il me faudrait plusieurs jours pour m'adapter à mes nouveaux repères et trouver un rythme différent pour mieux appréhender l'espace. Parbleu, où ai-je oublié mon livre ? Où suis-je par rapport à la salle de bains et aux chambres ? J'ouvre les portes et les referme aussi rapidement, cavalant d'un étage à un autre. La mise en route dans ce nouvel habitat consiste à faire fonctionner ses fessiers et son muscle cardiaque, tout en cherchant à étalonner sa boussole intérieure sur celle de l'île. Plus que jamais, à Ouessant on ressent ses oscillations et la façon dont l'aiguille cherche le nord magnétique. Le lâcher-prise est encore la meilleure des attitudes : se laisser envahir par la mer omniprésente, le ciel immense, les couleurs et les lumières constamment changeantes. Le bâtiment est conçu sur plusieurs étages. Au premier se trouve la cuisine avec une petite terrasse sur le côté, une sorte d'aubette. Au deuxième, une porte rouge vermillon avec une étiquette indiquant « local technique » ouvre sur deux chambres. Au troisième, « la chambre de veille » aux multiples parois vitrées comme l'œil à facettes d'une mouche est chapeautée d'une plate-forme. Dans la découverte de mon lieu de vie, les escaliers de la tour sémaphorique sont devenus tout entiers ma partition. Comme un musicien fait ses gammes, je les monte et les descends pour mieux trouver la cadence et le tempo, ceux de mon écriture. Marches et contremarches sont les segments d'un merveilleux labyrinthe, ponctué de portes et de fenêtres. Et je pense à Alice. Solitaire dans cet espace, mes déplacements sont ceux d'une pièce sur un échiquier, le chemin le plus court se résume à emprunter les cinquante-deux marches, dans un sens comme dans l'autre. Inutile de faire appel à des algorithmes compliqués, ni de jouer à la Panthère rose en cherchant la sortie par les issues de la façade ouest !

✦

La chambre de veille est l'extrême d'un lieu habité par un génie. C'est elle qui fait du sémaphore une autre Cité radieuse d'où il est possible de suivre la course du soleil. Le toit-terrasse s'ouvre sur le mille-feuille de l'univers et achève le tout. À 15 mètres au-dessus de la mer, cette alcôve de verre est devenue mon bureau face à l'horizon. Dans ce lock-out ouvert à 180 degrés sur l'immensité, je pense à celui de Victor Hugo, à Hauteville House, sur l'île de Guernesey, à quelques encablures dans la Manche. La pièce est ici plus vaste : 30 mètres carrés environ, orientée face à l'ouest. Seule l'orientation à l'est est aveugle. Il me suffit de sortir dans l'escalier pour voir le Créac'h par une fenêtre, sorte de sabord. J'apprends dans le même temps que Joyce a écrit *Ulysse* dans un sémaphore face au large. La mer est bien comme ce flux de conscience qui nous traverse et nous bouleverse de l'intérieur.

✦

Le lendemain, j'ai appelé Alex, un ancien guetteur. Il m'a tout dit de ce que fut ce bâtiment autrefois. Depuis que la première cabane fut construite sur un rocher en 1862 comme un saphir dominant la mer. Là, les hommes communiquaient avec les navires du monde entier qui passaient au ras des cailloux. Bien avant que le Cross Corsen soit mis en service, le sémaphore assurait le lien vital, de prévention et de sauvetage, entre les bateaux et la terre. Grâce à un mât qui sortait en point-virgule de la toiture, les hommes échangeaient dans un langage de gestes et de signaux en actionnant dans le vent de grands bras de bois noir. Chaque articulation signifiant une lettre de « l'alphabet sémaphore » qui est un code international compris de tous les navigants. C'était une chorégraphie silencieuse et maritime à la surface du monde. Par la suite sont arrivés la radio et les grands projecteurs pour le Scott : le morse lumineux blanc. Sur un autre mât était hissé un jeu de cônes de tissu noir qui donnait des indications météorologiques et les secteurs de vent. C'était le temps où, chaque soir, quand le bureau de poste de Lampaul tirait le rideau en disant « je termine, je relie au central de Brest », l'île tout entière restait en contact avec le continent grâce aux téléphones des deux sémaphores, celui du Créac'h et celui du Stiff. Si bien que si un évènement important survenait au cours de la nuit, les guetteurs étaient les premiers informés. Toute la nuit, les îliens étaient quasiment coupés du monde. La vie de l'île passait par le sémaphore, avec ses joies et des peines. Des marins de commerce apprenaient un décès dans leur famille et d'autres annonçaient, joyeux, leur prochain embarquement.

✦

Le sémaphore du Créac'h était une station principale en France pour la météo. Le temps présent et le temps passé étaient transmis au centre de Guipavas, à Paris, puis aux pays intéressés. Toutes les trois heures, les hommes de quart observaient et notaient : pression atmosphérique, état de la mer, direction et force du vent, pluviométrie. Ils en connaissaient un rayon sur la nature des nuages et sur ces trains de pluie qui leur passaient sans cesse au-dessus de la tête : des cumulus aux strato cumulus, des alto cumulus aux cirrus. Mieux que quiconque, ils savaient lire la mer et le ciel. Ils vivaient au chevet de ces sculptures éphémères, blanches et obsédantes et il n'était pas rare que leurs esprits un peu flottants s'élèvent jusqu'à eux, captifs d'une sensation venue de la nuit ou d'un rêve à la Magritte. En suspension, ils s'envolaient et devenaient un bref instant ces compagnons d'Archimède parcourant des distances à la vitesse de la lumière. Ces guetteurs depuis leur rocher tutoyaient d'autres galaxies, mais leur retour sur la terre ferme était quasi instantané quand surgissait la tête boursouflée du plus redouté des nuages : le cumulonimbus. En forme de chou-fleur ou d'enclume, zébré d'éclairs, il est annonciateur d'orage ou de grosse tempête. Tous te diront que la nature rend modeste. Ils étaient les premiers à la tenir à distance et à l'observer sans fanfaronner. Ils savaient ce que signifie l'effacement du Nividic dans la houle géante et le bouillonnement de lacs d'écume entre les pylônes des téléphériques. Ils ont connu la rage du vent qui bloque l'anémomètre à 100 nœuds, arrache les toitures et emporte les plus imprudents. Toute la veille sémaphorique se passait dans une pièce grande comme un mouchoir de poche, celle qui correspond à la cuisine aménagée où je prépare mes repas. Celle-ci était autrefois percée de fenêtres d'où on surveillait le trafic des navires en direction ou en provenance de Brest. Ils passaient à 3 ou 4 milles de la côte, c'est-à-dire à toucher. Certains te diront qu'ils voyaient les marins jouer au tennis sur le pont arrière des pétroliers. C'était la belle époque des années soixante-dix, quand le paquebot *France* a transité dans le Fromveur et laissé un souvenir impérissable dans la mémoire de l'île. Tous te diront que Ouessant vivait au rythme d'une ronde merveilleuse de bateaux qui circulaient de tous côtés et dans toutes les directions. Dans chaque maison, des jumelles étaient prêtes à lorgner l'horizon pour reconnaître les bâtiments à la forme de leurs cheminées. Près de 200 navires se profilaient quotidiennement et leurs feux dansaient de nuit comme de jour. « Tiens, un bateau cubain, tiens, un bateau des Chargeurs réunis ! » Les parages étaient pleins d'esquifs, petits et gros : caboteurs, cargos, chalutiers, navires de plaisance, tankers et navires de guerre. Ils se saluaient et se croisaient sans forcément s'accrocher ! Tous te le diront : la mer est à tout le monde. On ne parlait pas encore de migrants ni de passeurs. On ne parlait pas non plus de réfugiés climatiques. Certains se souviennent d'avoir vu des sous-marins qui naviguaient en surface quand d'autres se cachaient : comme le jour où le périscope d'un submersible non identifié a été aperçu dans le sillage d'un cargo. Car le sémaphore d'Ouessant avait aussi un rôle stratégique et militaire, en particulier dans la protection de la rade de Brest. Les guetteurs surveillaient, identifiaient et signalaient tous les navires de commerce, en particulier ceux venant du bloc de l'Est et des pays satellites de l'Union soviétique. La magie était d'entrer en contact avec les marins du monde entier qui avaient parcouru tant de longitudes et de latitudes pour se présenter un beau matin dans les feux du Créac'h ainsi que dans la convergence des voix et des appels radio qui résonnaient dans le palais des glaces de cette chambre de veille.

✦

Hier, j'ai été contactée par un chronométreur international qui vit dans la région de Brest. Il se pourrait qu'il vienne la semaine prochaine au cœur de la nuit, pour déclencher depuis un repère pris sur la rambarde de la chambre de veille le décompte d'une grande course au large.

✦

Suspendue entre ciel et mer, je suis devenue, en à peine une semaine, cette ancre arrimée à l'espace. Dès que je reviens au sémaphore, je monte à toutes jambes vers mon perchoir. Dans ma recherche de solitude, c'est là que je me sens le mieux, dans cette bulle de verre, passerelle d'un navire sur l'horizon. Dans cette immobilité, je scrute le ciel et ses variations, je cherche à deviner la météo et l'avancée de la marée. J'écoute les vagues qui se croisent comme les regards et les histoires qui me parviennent sans les chercher, par alternance. Je pourrais rester la journée entière à regarder les oscillations de la lumière et des couleurs pour mieux les poser sur mes aquarelles. C'est ce qui me retient ici et me ferait rester toute une vie à écouter le vent sans sortir, naviguant à vue et recherchant la nostalgie et la liberté sur la mer. Je sens monter la joie extrême à mesure que la lenteur s'installe. Je crois qu'il s'agit là, face à ce désert, d'un bonheur amniotique et d'un souvenir immémorial de notre vie psychique. À partir de là, tout commence à apparaître et surtout le sentiment d'éternité.

✦

Au-delà de l'horizon
Par mer et par ciel
Je suis allée
Dans un voyage dans mes rêves et mes obsessions
Ouessant offrant l'espace nécessaire à un pèlerinage intérieur
et à une méditation face au grand large.
Le sémaphore est devenu mon lieu d'exil où peut naître l'écriture
Depuis, je suis entre ma respiration et le pouls du monde

VI

Le retour de la lumière nous électrise et nous rappelle à l'urgence de la vie. Elle nous dit de saisir l'instant et de ne pas remettre au lendemain. Je sors sur la coursive de la chambre de veille et regarde l'île qui se recrée à chaque seconde dans des variations infinies allant du pourpre au mauve, de l'oranger au rose pour se stabiliser sous un ciel bleu pâle. Le vent s'est mué en vapeurs dorées, les oiseaux crient, je me sens gonflée d'une bouffée d'optimisme et de reconnaissance.

✦

Je suis à l'endroit où la Manche devient océan et j'imagine tous ces navires qui passent sous mes fenêtres sans que je les voie et s'en vont parfois *au-delà de Suez*. Il n'y a par moments rien de plus sinistre que de regarder l'horizon vide. « La mer est morte », disent les Ouessantins. Plus de bateaux à portée de jumelles. Les navires, et en particulier les plus dangereux, se succèdent loin des regards, à 50 kilomètres au large, sur le rail. En revanche, ils distinguent sans doute, la nuit, le balayage du grand phare. Là où transitaient autrefois des supertankers, il m'arrive d'apercevoir une caisse à savon dans le lointain. C'est un car-ferry qui fait du lèche-vitre. J'aurais envie de plus de mouvement comme sur la Meuse à Rotterdam où les porte-conteneurs dans un flux continu montent et descendent en reflets sur les buildings de Rem Koolhaas. Dans cette superposition des images et du rêve, Ouessant devient cette île de poésie où j'aime vivre dans le sémaphore tout en continuant d'explorer de nouvelles géographies.

Tous te le diront, sans exception

À mesure que les navires se sont éloignés, l'île a changé

À mesure que les hommes ne sont plus partis, l'île s'est éteinte

Au large, seules de frêles embarcations de plaisanciers et de marins-pêcheurs cabotent, passent et repassent à la barbe et au nez du sémaphore. Elles grenouillent et cherchent les bancs argentés de lieus jaunes et noirs dont les Ouessantins raffolent. Je reconnais Micka, mon voisin patron de pêche, qui trace ses sillons sur la grande prairie des îles. Il sait les courants forts, les fosses marines et les épaves où se reproduisent les langoustes et les homards. Les vents aussi, le nordet comme la rougagne, ce vent qui rend fou et qu'il n'aime pas pour le froid qu'il apporte. Il m'a dit qu'après celle du lieu jaune ce sera la saison de la coquille Saint-Jacques, plus détendue que dans la baie de Saint-Brieuc où c'est un jeu de trompe-la-mort. Il aime son métier et en est fier. Il souhaiterait que son fils devienne pêcheur, s'il en a envie. Je lui dis mon admiration pour ces femmes et ces hommes courageux dont le travail est parmi les plus durs et dangereux. Je pense à Anita Conti qui a partagé leur existence sur des chalutiers qui se rendaient sur les bancs de Terre-Neuve et en Afrique. La mer a le pouvoir de vie en nourrissant les hommes, mais elle donne aussi la mort. Les marins comme Micka la redoutent et la respectent. Si dévoreuse, si carnassière. Beaucoup ne savent pas nager. Mourir en mer condamne à n'obtenir aucun repos, ni du corps ni de l'âme. Les Ouessantines en sont devenues superstitieuses et ne veulent plus regarder le large de peur d'y voir l'ombre des grands vaisseaux noirs. Elles se défient de la mer et de tout ce qui arrive par elle, fût-ce des femmes venues d'ailleurs et du continent. Celles-ci, comme la mer, ensorcellent et prennent leurs hommes. Quand Micka est en pêche, sa femme laisse allumée la lumière extérieure de leur maison comme pour éloigner les mauvais présages.

✦

J'apprends plus tard en écoutant les hommes que l'île est à la fois protégée et malmenée par les courants marins de l'Iroise : le Fromveur, qui signifie grande frayeur, passe au sud-est, et le Fromrust au nord-ouest. Ils s'enchevêtrent, se croisent dans une complexité folle avant de se déverser dans le flux des océans. Les patrons de pêche et les capitaines qui ravitaillaient les phares les connaissent par cœur. Sans port naturel pour laisser leur bateau au mouillage, ils savent que les sorties en mer comme le cabotage sont difficiles à Ouessant. Sans pouvoir jamais dompter les courants, ils les évaluent du bout de leur safran et les accompagnent du ventre de leur embarcation. Tout en finesse, ils les calculent et les respirent. Toute entreprise d'approche se rejoue à chaque sortie. Ils savent combien ce savant filetage marin ondule de mille et un courants chevelus, toujours mouvants et toujours changeants, pour devenir un véritable tapis roulant. L'erreur est fatale dans ce bouillon qui coule et s'écoule en ondes et veines, aussi imprévisibles que nerveuses, et qui sans prévenir montent en pression. Solidement campés dans leurs embarcations, ces hommes-poissons scrutent mieux que quiconque le large et ressentent cette poussée océane qui leur vient au creux des reins et sous les voûtes plantaires. Légers, ils se balancent face à la mer comme leur âme devant l'immensité.

✦

L'un des plus grands bonheurs à Ouessant est la présence de la mer, partout, toujours. Les îliens disposent de la plus belle des richesses : l'océan qui danse tout autour d'eux. Ici, la mer n'est pas civilisée : pas de cabines de plage ni de jet-skis. Juste l'immensité sous les nuages qui ouvre à sa vraie nature. J'aime regarder les vagues dans leur périodicité qui porte l'espérance d'un renouveau possible, comme l'amour et le retour du printemps. Jamais pareilles, jamais semblables. Elles sont d'une présence suprême qui me réconforte par sa force silencieuse, comme éternelle. Ce dialogue constant nous renvoie à d'infinies questions et à tous ces sentiments mêlés, toutes les joies et toutes les peines, pire encore, tous les regrets. La mer monte en nous et nous chamboule, faisant entendre « la rumeur des viscères », comme le dit Diderot. Elle est le flux et le reflux des souvenirs. Elle nous dit que nous sommes tous ce que vous aurions pu devenir. Finalement, je me rends compte au bout de quelques jours qu'il faut être prêt à l'affronter comme puissance de dépassement et d'incertitude. Car elle nous parle de notre passé, ponctué de doutes et de blessures, qui se déroule comme le rouleau infini de nos confessions, savant feuilletage des générations. La mer m'accompagne dans mon expérience au sémaphore.

Elle est ce grand mammifère, mémoire blanche qui ondule. Elle m'offre l'exil nécessaire au passage à l'écriture. Première spectatrice, elle a ce pouvoir de révélation dans la prise de conscience de mon destin. C'est en cela que le sémaphore, en suspens sur l'océan, devient ce lieu d'initiation et de mise au monde. Je comprends là, face au large, que l'écriture est antérieure à l'acte d'écrire, qu'elle vient de plus loin. Ce sera l'une des plus fortes découvertes que je ferai sur cette pointe bretonne, bouillon de mes origines. Les mots et la pensée appartiennent à une mémoire lointaine, une mémoire aquatique. Nous sommes tous des écrivains potentiels, mais pour s'en apercevoir, il faut passer à l'acte et faire remonter les souvenirs de cette habitude ancienne.

✦

La mer au loin ne cesse de baratter. À marée montante, elle shampouine et fouette une crème d'embruns jaunâtres : flocons de beurre de mer pour un parfait vol-au-vent. En épaisse écume, elle voile l'atmosphère qui tombe et retombe en multiples directions, donnant l'impression de s'entrelacer en motifs aléatoires. Cet après-midi, face à l'horizon, je me revois petite fille au bord de la piscine quand mon père, une main sous le menton, m'apprenait à nager et à garder la tête hors de l'eau, quoi qu'il arrive. Dans l'après-midi, je croiserai au bourg les dernières mamies ouessantines qui disent m'avoir vue dans la lumière du sémaphore, tard dans la nuit. À Ouessant, on sait où tu es, ce que tu fais et avec qui. Dans cette oscillation du temps et des lampes, il y a ce bonheur et cette illusion de vivre l'isolement.

✧

La journée est bien avancée à présent, et, sur le grand tapis de la nuit, se déroule un sommeil de conversations où les mots en cadavre exquis se percutent. Écrire, c'est composer de nouvelles associations, créer de nouvelles sonorités qui affleurent au sommet de la conscience. Les poètes les font apparaître sous les tilleuls de leur pensée. Monsieur Navetexte et madame Code-morse ont ma préférence. Les saisir dans le filet à papillons avant qu'ils ne disparaissent avec le réveil est une autre paire de manches.

VII

Une journée superbe s'annonce, claire, mais très venteuse. Équipée d'une grosse écharpe, j'enfourche mon vélo et mets le cap sur la péninsule de Pen ar Lan au sud-est de l'île, la partie sacrée de l'île. Il n'est pas toujours évident de pédaler par un vent si fort. Par moments les rafales me font faire du surplace et j'avance en tirant des bords sur la route, courbée sur mon guidon. Parfois, je me dis que je pourrais tenir assise sur ma selle et m'endormir contre ce coussin d'air qui me colle à 45 degrés dans le paysage ! Devant l'église de Lampaul, je glisse à droite dans la pente pour bifurquer à la Croix devant l'ancienne coopérative des marins-pêcheurs. Je trace en direction de Kervasdoué. Après le barrage d'eau douce, la manche à air bicolore de l'aérodrome m'indique à l'horizontale le village de Kernoas qui émerge de la friche. Sous l'épaisse chevelure de ronces et de fougères se perdent les ruines d'un château médiéval. Ensuite, plus rien ne s'oppose au regard. Dans un parfum vanillé, la lande tourbeuse court sur ce promontoire, l'un des plus primitifs, ouvert sur le large et les archipels alentour. Dans la découpe des hautes falaises se détache sur la gauche le port du Stiff et sa digue, dominée par la tour-radar et le phare bombé datant de Vauban. À partir de là, il faut poursuivre à pied sur des chemins sablonneux, dessinés en étoile pour apercevoir au loin, juste en lisière de la bruyère et des ajoncs, une couronne de pierres levées, décrivant une ellipse de granite. C'est le Stonehenge ouessantin, le cromlech, datant de la fin du néolithique et de l'âge de bronze (2000 avant J.-C.). Cette empreinte humaine raconte que l'île fut habitée par des hommes et des femmes qui dans l'alliance des éléments vouaient un culte à la bernique. Ils ont dressé ce monument mégalithique, sorte de cadran solaire, constitué d'une dizaine de menhirs, comme un lieu dédié à la fécondité et au retour du soleil. Au Levant, une pierre solitaire donne l'alignement de la boule de feu au solstice avec une roche isolée, au sud, devant la balise noire et jaune de Men Korn. On raconte qu'un menhir de remplacement se trouve au centre du cercle. Celle d'origine aurait été subtilisée par un soldat allemand lors de l'occupation de l'île. Cet homme, après avoir déserté l'armée, se serait caché dans une grotte, puis marié à une Ouessantine. C'est alors qu'il aurait déplacé la pierre vénérée dans leur jardin.

✧

J'ai découvert ce cercle sacré l'été dernier. À la fin de la nuit, alors que l'île tout entière était encore assoupie, nous étions venus en groupe assister à la renaissance du jour sur le dos des hautes falaises. Pieds et têtes nus, nous étions entrés par la porte de l'est et nous avions marché dans l'aube, attendant que le ciel se détache de la terre dans le flamboiement des lumières du Stiff. Notre procession s'apparentait à une ronde initiatique car, clopinant sur les épines d'ajoncs, nous guettions, silencieux et recueillis, les lueurs qui allaient surgir des profondeurs. On nous avait dit, allez et vous verrez comment le premier rayon perce les ténèbres, le second éclaire vos vies et au troisième vous marcherez sur votre ombre. C'est ainsi que nous avions ensemble levé le soleil. Dans cette ronde, nos pas se sont libérés et nous sommes entrés sous la voûte céleste, comme adoubés par les génies du lieu. Nous venions d'unir notre destin à l'île. Le cromlech dans sa circularité devenait une représentation de l'harmonie des esprits, un anneau sacré, ouvrant à ce qu'il y a de plus mystérieux, il était comme l'amour. Nous étions au seuil de nouveaux territoires de création et de partage jusqu'alors insoupçonnés et il était question de voir le monde à travers d'autres yeux, dans l'étincelle d'un autre cœur. Ce matin, rien n'éclipse mon souvenir, j'ai glissé dans mon carnet une petite fleur de chèvrefeuille.

✧

On nous avait dit, allez car là se situe la porte d'entrée de l'île. Dans ce ravissement des premiers rayons du matin, les paysages vibraient et palpitaient en nous et sur nos visages. Il nous revenait les paroles magiques, prononcées et transmises par les plus anciens, les chamans celtes qui conversent avec les pierres. À Ouessant, les rites voyagent et les espaces s'ouvrent. Il est un autre endroit tellurique sur le *stankou* non loin du Créac'h, où les jours de solstice les druides nouvellement intronisés marchent sur la lande en robe de bure et drap de lin. Ils traversent le marécage et vont se purifier à la source d'eau claire. C'est ainsi que cette péninsule m'apparaît ce matin comme le cap Reinga breton. Ce lieu vénéré où les âmes des ancêtres s'envolent vers l'autre monde. Comme au nord de l'île fumante de la Nouvelle-Zélande où les âmes des défunts remontent une plage qui s'étend sur 80 miles, descendent le long des racines de l'arbre sacré pour gagner les entrailles de la terre et reposer au milieu de l'océan. Là se retrouvent les ancêtres maoris. Ouessant se révèle alors comme le merveilleux point de convergence d'un ailleurs plus éternel, celui des anciens celtes disparus. Et je regarde à présent les nuages comme les empreintes d'un temps plus lointain quand ils reposaient encore sur la courbe de la terre et les océans, avant que le grand Kauri, dieu de la forêt, ne s'élève de toutes ses branches, pour décoller la voûte céleste de la Terre-Mère et ne laisse pénétrer la lumière.

✧

Ce matin, je m'adosse contre une pierre levée du cromlech et dessine le paysage maritime. Sur la droite se découpent en estampe japonaise le phare de Kéréon, qui a fêté ses cent ans en 2016, la roche de Men Tensel et l'archipel de Molène, Trielen, Banalec et Bannec où nichent les pétrels-tempête. Il y a aussi les îlots de Béniguet et Quéménès, aujourd'hui réserves naturelles habitées. Le continent et toutes les îles s'offrent en contre-jour de nos vies ; dans cet espace de lande et de tourbe, je réalise un croquis comme un signe de notre passage si bref. Survolée par des grives migratrices, je poursuis sur le chemin côtier. Un phoque veau marin fait la sieste dans une crique de galets tandis qu'un ferry croise au large. À deux pas du site celte surgit la croix de saint Pol Aurélien. Selon la légende, il se serait agenouillé en priant face au lever du soleil, d'où les deux traces en creux laissées dans la pierre. Arrivé sur un vaisseau de granite pour évangéliser tardivement l'île, il va, pour réussir son coup et assurer un passage en douceur, construire des lieux chrétiens sur d'anciens sites païens. De fait, la croix regarde elle aussi vers l'est, en imitation du cromlech. Blanchie à la chaux, elle s'étire en cette fin d'été et en devient aveuglante. Tout autour la mer scintille de mille feux et le vent marin me transporte un court instant dans ce blanc des îles Cyclades sous un ciel céruléen. Depuis ce promontoire, je songe aux navigateurs venus de Méditerranée à bord de galères. Pythéas, l'explorateur grec qui se dirigeait vers le soleil de minuit et les terres de l'Hyperborée, est le premier à mentionner Ouessant, l'île la plus éloignée, verrou stratégique sur les grandes routes maritimes. Il l'a nommée Uxisama.

✦

À Ouessant, j'ai découvert le langage des pierres, celles que l'on porte au fond de soi et celles qui jalonnent notre chemin. Elles vibrent, irradient, montrent la voie, architecturent et peuplent l'espace comme autant de lignes de vie. Taillées, sculptées, gravées, elles se dressent partout et en petites maisons basses, construites selon un axe précis pour supporter les assauts des tempêtes de suroît. Sèches, elles sont ces murets en étoiles, les *gwaskedou*, qui forment les abris pour les moutons aux oreilles coupées. Elles bornent également les propriétés et délimitent les enclos à fougères et ajoncs pour les protéger des chèvres. Pierres de tonnerre, elles sont vénérées pour leurs pouvoirs magiques et protecteurs. Ovoïdes et barbues de lichen, elles sont placées à l'entrée des maisons, comme signe de prospérité et de fécondité. Et puis il y a celles disposées en cercles qui contiennent toutes les paroles et les secrets entendus. Certaines communiquent par-delà les distances et dans un jeu de cerceaux disposés à travers le monde. On les retrouve en Afrique et jusqu'au Japon. Toutes sont nées des nuages et contiennent les origines et les conversations des autres planètes. On les caresse, on les consulte, on y puise force et courage. Ruines ou rochers, elles sont des amers pour le regard et il arrive que certains jours des oiseaux migrateurs s'y posent, croyant y voir le reflet d'un lac. Ici, au fil du temps, la terre finit par les engloutir quand elles tombent, poussées par la friche galopante. Dans ce corps à corps, elles renaissent des épousailles du minéral et du végétal. Les fermettes retournent à la jachère. Elles me font penser en miniature à la cité d'Angkor Vat prise dans les racines des banians, ou encore aux *marae* polynésiens endormis à l'ombre de fougères géantes. Dans ce grand retour à la terre, les blocs de granite côtoient sur Ouessant d'autres vestiges plus contemporains : carcasses de voitures, matériel agricole et cars de grand-route mangés par une végétation rampante qui prolifère en boucles d'épines sur un terreau de rouille et constitue une archéologie postmoderne. Dans ce langage immémorial, on comprend que tous ces cailloux aussi légers qu'une pluie d'oracles parsèment de petits boutons blancs la surface de l'île. Coquilles de neige et graines de nacre, ils nous rappellent que nous sommes tous le Petit Poucet en marche.

✧

Ce soir, je suis rentrée au sémaphore avec du thé noir aux algues fabriqué sur l'île et un poisson, offert par un ancien de la marine marchande que je suis allée saluer. Dans quelques jours, il me racontera sa vie embarquée.

VIII

La nuit à Ouessant est si noire, même animée par ces grands bras de lumière, qu'il me faut prendre le temps de l'apprivoiser. Dans la chambre de veille, c'est comme si tout l'univers dans sa dimension la plus charnelle entrait et me coupait de ma vie ailleurs. L'obscurité dévore et engloutit. Quand, au point du jour, s'évanouissent les rayons du phare, le soleil prend le relais. Il éclaire les nuages sur l'horizon et le visage de l'île réapparaît lumineux, ses reliefs teintés de rose. On sort des ténèbres à une vitesse déconcertante.

Face à la mer, tout ressurgit
on se libère comme on débride des chevaux fous
C'est ma boussole intérieure qui cherche à se stabiliser
L'île est balayée par tant de faisceaux
de musiques et de tempos
de rythmes et de cadences
combien de phares
combien de balises
et de nouveaux repères me bouleversent et créent cette sensation de dérèglement

✧

Ouessant est l'île aux cinq phares, ce qui en fait l'un des plus beaux décors de théâtre baroque. Stiff, Kéréon, le Nividic, la Jument, le Créac'h sont des personnages à part entière peuplant le paysage de leurs silhouettes de majesté. Il suffit de poser son regard sur ces géants de pierre pour prendre son envol. Ils sont une respiration qui s'élève dans l'espace et la géographie. La vie et les histoires entendues font le reste. Tours octogonales en maçonnerie de pierres apparentes, tours circulaires, sur terre ou en mer, elles sont là, toutes là, à la fois repère du marin et de l'artiste. Leurs lanternes rayonnent jusqu'au fond du ciel et nous tirent la manche vers la rêverie. Dans l'écho des tempêtes, on se prend à envisager une vie de gardien, isolée de tous, loin du brouhaha et de la furie du monde. On devine des hommes qui tutoient les oiseaux migrateurs et les poissons volants, attrapent les comètes et se hissent la nuit jusqu'aux étoiles. On les pense tous peintres ou poètes, adorateurs de la lune en plein ciel et dompteurs de tornades. Par ces temps de fébrilité, on se dit qu'un gardien de phare est l'homme de la situation à qui l'on peut livrer ses peines et sa vie, confier son amour et ses clefs ! On soupçonne un univers à part, une sorte d'outre-monde, hors de portée des vivants.

✧

Les phares interpellent par leur caractère énigmatique. Ils sont points d'exclamation ou questions posées, déplaçant encore plus loin la notion des confins pour entrer dans une dimension plus vaste, celle de la métaphysique et de notre place dans l'univers. On rêve de les approcher et d'y séjourner. Quant à moi, j'attends le jour où arrivera l'autorisation m'y donnant accès. Pour l'heure, je les regarde avec envie et passe chaque jour au pied du Créac'h. J'ai commencé à m'apaiser quand j'ai observé plus calmement sa lanterne et ses longs tubes de clarté tendus vers l'horizon. Comme je guette le lever et le coucher du soleil, je guette sa tête de verre plus vivante que jamais quand il entre en rotation dans l'oxygène du soir. En marchand de lumière, il touche chaque maison et les éclaire une à une de son passage, comme il le ferait de chaque étoile. Ses écailles de verre brillent d'un songe septentrional. Animal céleste né d'une supernova, il tourbillonne au-dessus du sémaphore. Souvent, il m'arrive de sortir marcher et de me lover sous ses grands faisceaux de lait.

✦

Dans la renverse du courant, j'aime regarder l'envers du ciel. Des grains arrivent en succession. Leurs lèvres charnues et leurs joues se gonflent comme celles d'un trompettiste de jazz-band. Qui se cache derrière ces souffleurs de pluie ? L'éclat dans le cœur suit l'apparition d'un arc-en-ciel en plein cintre. Petite merveille que je désire comme le rayon vert quand un énorme nuage de pluie arrive en essaim de sauterelles et vient s'écraser obliquement contre la vitre de la chambre de veille. J'ai l'impression que l'horizon de bruine entre par les fenêtres du sémaphore. Dans la soirée, je relate ma journée sur mon carnet de bord, j'écris mes courriers. Le vent reprend, enfle plus fort et me chasse vers la cuisine. Ce souffle de vie s'immisce jusque sous ma peau et fait couler l'encre dans mes veines.

✦

Quelques jours après mon arrivée, un premier coup de tabac m'a mise au parfum : une belle houle mugissante et un coefficient de 113. Le temps a basculé quand, vers 3 h 30 du matin, j'ai été réveillée par la pleine lune, ballon argenté qui est monté dans le ciel, baignant ma fenêtre. La coquine avait réussi à entrer dans ma chambre et se reposait sur mes pieds. Je me suis levée et elle est aussitôt repartie. Depuis, elle est en grande conversation avec l'œil du phare ! Je me rendors.

✦

S'ensuit une journée entière de pluie et de vent. Les nuages avancent en bandeaux et en tirs d'artillerie. Ils mettent à plat mes envies de sortie. J'attends dans mon bocal de verre aux yeux de mouche. Tout le paysage s'égoutte et l'herbe marine se transforme en un pelage d'animal habitant une forêt ruisselante, celle de la côte ouest de Madagascar. Tout est vaporeux. Mon visage et mes pensées deviennent de papier mâché. Je n'ai plus qu'à déclencher le déshumidificateur. Au loin, je distingue à peine les blocs erratiques de la pointe de Pern. En fin d'après-midi, je me décide à mettre le nez dehors. La mer est à son plein et surgit de toutes parts.

Le port de Lampaul ne la contient plus et, de façon serpentine, elle monte et lèche les premières maisons du bas du bourg. En ce jour de grande marée, c'est un sentiment d'invasion que ressentent les habitants qui ont chaussé leurs bottes. La préfecture avait envoyé un avis de vigilance annonçant « un risque de vague et de submersion due à la pluie et au vent d'ouest, sud-ouest avec des rafales de 70 à 80 kilomètres à l'heure en mer, occasionnant de fortes vagues de 3 à 4 mètres qui, compte tenu des forts coefficients de marée attendus, pourront provoquer un débordement sur la côte ». J'ai marché jusqu'à la plage de Corz qui se situe entre les deux presqu'îles et ai vu comment la mer progressait à coups de déferlante et s'éclatait contre la corniche allant jusqu'à inonder la route. Passera, passera pas. Il fallait choisir le bon moment pour s'élancer en voiture ou à vélo, pour descendre pédale au plancher, négocier le virage et réussir à aller de l'autre côté sans se faire littéralement doucher, sous la gigantesque vague qui retombait en gerbes d'eau et de galets. Les quelques curieux et les enfants assistaient amusés au spectacle et s'esclaffaient tant qu'ils le pouvaient dans cette course avec la mer.

✦

Le lendemain, le vent ne fléchit pas et j'ai l'impression de vivre dans un cyclone qui s'abattrait sur le sémaphore. Venant du sud-est, il me plaque aux parois et me barre le chemin. Je ne sais ce qui m'a pris de sortir sur la coursive extérieure et de me confronter ainsi aux éléments. En une fraction de seconde, la peur me saisit et je comprends qu'à tout moment tout peut basculer. J'attends recroquevillée la tête dans les genoux et tente une retraite, mais l'appel d'air me soulève. Je reste accroupie et patiente. À la première accalmie, je bondis vers la porte. Me voilà à l'abri. Le vent redouble et s'abîme en rafales. Il joue de toutes les stratégies et monte d'un cran. Il bourdonne, s'énerve et heurte violemment la cage constituée de cinq baies de sécurit très épais, montées en biseaux sur une armature rouge vermillon. Il redouble de rafales de grêlons qui crépitent, comme si la mer jetait des nuages de gros sel pour que l'atmosphère en devienne aveugle. Le vent ne fléchit pas, il veut passer coûte que coûte, mais ce ne sera pas cette fois-ci. Même si la chambre de veille n'est plus qu'un sauna d'humidité froide aux vitres brouillées par le grésillement des cristaux d'embruns.

✦

La nuit venue, le vent est si fort qu'il semble souffler de l'autre côté du monde. Il hurle et avance en roulements de tambour tandis que le phare actionne ses baguettes d'automate. Force 7 ou 8. Il joue du pipeau sans discontinuer et entre par je ne sais quel tour de magie par les bouches d'aération. En virtuose, il déroule des accords parfaits. Il passe en revue les octaves pour choisir les sons les plus aigus. Je l'accompagne une partie de la nuit dans ses délires d'harmonie et ses mouvements de houle contre la coque du sémaphore. Ce qui faisait rêver au début devient obsédant et intenable. Furibarde, je descends à la cuisine et attrape le couteau à pain qui me semble le plus adapté pour entreprendre à 3 heures du matin un colmatage de la bouche d'aération. Dans un carton, je découpe un morceau que je plie en deux et glisse dans l'orifice. Mais le vent, mon grand copain, est le roi de la contorsion, il s'est trouvé une autre voie de sortie ! Je ne veux et ne peux commencer à douter bien que je réalise brusquement ce que veut dire vivre seule dans la furie de la météo. J'attrape alors un livre pour me fondre dans le bleu de la nuit. Bien malgré moi me reviennent les histoires de ces gardiens de phare qui, ne supportant pas l'isolement et la fureur des éléments, se sont jetés à l'eau, ou encore celle de ce médecin qui, devenant fou au milieu de l'immensité blanche, a mis le feu à une base en Antarctique. Je m'endors quand la mer commence à se retirer et le vent à baisser de voilure. C'est de courte accalmie car aussitôt tout repart de plus belle. Perchée depuis plusieurs jours sur mon balcon en mer, je vis en état de veille, sensible et à l'affût du moindre bruit. Les coups de boutoir de l'air et de l'eau me maintiennent dans un stress de survie et comme en sourde inquiétude. Au lever du jour, les vagues couleur ardoise se changent en houles d'acier. Elles roulent et fument d'embruns. Elles rampent et volent en colonnes d'écume habitées et comme surnaturelles. La mer se transfigure, elle monte en pression et en vapeur d'eau. Je la vois qui devient ce ventre qui se gonfle et se creuse, se tend et se contorsionne. Pour peu on y verrait les carcasses des navires qui dorment éventrées dans le blond du sable. Je commence à me demander s'il est raisonnable de rester assise derrière la vitre. Et si celle-ci cédait ? Dans ce corps à corps, le ciel n'est plus qu'un lavis gris-jaunâtre, vu en mer de Chine, un jour de typhon. Au large, près du Nividic, je devine les pylônes en forme de potences qui disparaissent, submergés par des gerbes aux milliards de bulles d'eau, de cristaux de sel et de plancton. Arrivent sur la lande les premiers visiteurs qui ont débarqué par le bateau du matin. Ils ont traversé l'île à vélo ou à pied et se sont tapis contre les chaos granitiques pour assister fascinés au spectacle. L'océan n'est plus qu'un mur d'une blancheur phosphorescente, une grande vague qui se dresse et se soulève, souveraine comme le désir. Il m'est impossible de tenir dans ce vacarme où monte le fracas des galets. Je descends côté nord, vers la cuisine, avant de me rouler en boule pour une petite sieste.

✧

C'est très étrange comment, dès ce premier coup de vent sérieux, je me suis prise de passion pour la météo. À l'abri de la chambre de veille, j'ai regardé plus précisément le paysage et ai vu combien la géographie du lieu contenait les débuts du monde mêlés aux frayeurs les plus glaçantes. Ouessant se situe dans la zone de turbulence des grands vents d'ouest et on ne tarde pas à ressentir que les mouvements de la vie s'accordent avec ceux du baromètre. On cale alors son humeur sur la forme des nuages et son cœur sur la rose des vents. On se surprend à guetter, de jour comme de nuit, les signes du temps qu'il fait et, petit à petit, on se glisse dans le courant mécanique des fluides pour devenir ce minuscule grain de pluie, cristal d'embrun poussé par tous les azimuts. Notre esprit devient oiseau qui tournoie, cumulus qui se gonfle, arc-en-ciel qui s'accroche à la vague, coup de chien qui roule sur les hautes solitudes. Arc-bouté aux crinières d'écume, on vit un œil sur les routes du ciel et l'autre sur les ondulations de la houle. En souffle puissant, le vent est cet accélérateur de particules qui nous rend plus intensément vivants et anime nos gestes autant que le paysage. Il est ce chant lancinant, langage de toute cette pointe bretonne, il monte avec la mer à mesure qu'enfle sa rumeur. Bien que transparent et invisible, il est pourtant bien présent. Je comprends que vivre sur cette île, c'est avant tout vivre au front des tempêtes et entrer en résistance.

✦

J'apprends à marcher courbée et à pas cadencés, la tête rentrée dans les épaules, à parler à voix parfois criée dans ce vent qui soûle et fatigue, emportant avec lui toutes les fièvres avant de glisser sous la peau des nuages. Cette respiration de la terre passe et repasse, en rafales et en tourbillons, en bourrasques et en embardées interdisant quasiment aux arbres de pousser. Elle fascine et envoûte et il n'est pas étonnant d'apprendre que vivaient dans ce pays, il n'y a encore pas si longtemps, des tempestaires : ces guérisseurs de vent. Eux seuls savaient parler aux tempêtes et se faire obéir d'elles ! Une chose est sûre : à Ouessant nous devenons tous des enfants du vent. Va et tu verras, comment il inspire et insuffle des pensées dans ce monde qui s'essouffle. Va et grise-toi d'embruns et tu sentiras monter cette sensation merveilleuse de te laver aux sources qui effacent la tristesse accumulée de la vie. Seulement quand tombera le vent cessera le sortilège. Tu lèveras de nouveau la tête, libre et apaisé, comme une mouche sort de son bocal.

Je sais maintenant que je n'échapperai pas au vent, sur Ouessant. Le soir quand je rentre, j'ai pris l'habitude de l'attendre et de le guetter. Il devient ce compagnon au sémaphore et j'en pressens l'arrivée.

C'est une attente et un désir lié au souvenir
Depuis, je le reconnais dans ses variations
je le reconnais et je l'attends car il est ce mugissement de mon enfance
je le reconnais et je l'attends car il est le son du pas de ma mère le soir quand elle rentre
un tempo reconnaissable parmi tous
un parfum et une joie qui font tout oublier
le vent qui bat est ce pas du souvenir
depuis le soir, je guette son retour
Je me souviens
et je bondis vers demain

IX

Au cours de la nuit s'est installée une accalmie : où est passé le vent ? J'éprouve un sentiment étrange comme si quelque chose d'anormal se passait : suis-je toujours du côté de la vie ? Les goélands retrouvent le ciel qui s'éclaire d'un duvet de plumes. Les moutons trottent aux alentours. Je me sens moi-même plus sereine. Je mets le nez sur la coursive et découvre blotti entre les ardoises de la façade du sémaphore un jeune passereau qui a trouvé dans un interstice refuge pour son cœur palpitant. L'air paraît vide, comme asséché par le vent de flamme des derniers jours. Une colonie de craves, papillons noirs au bec rouge, se disputent la pelouse où ils picorent comme des poules. Je les reconnais à leurs cris acides. Je me dis : les artistes sont de retour !

✧

Dans une atmosphère de poussière d'écume, les goélands voyagent comme les nouvelles du monde et j'apprends qu'un petit enfant a été retrouvé noyé, face contre le sable sur une plage de Crète. La lumière devient cette tache qui crève le ciel et dit tout de la cruelle vérité, tout de l'hypocrisie généralisée concernant les nouveaux boat-people. L'insupportable a désormais un nom et une image. Il est ce fils, notre enfant que nous n'avons pas voulu protéger. L'île n'est-elle pas juste l'idée que l'on s'en fait alors qu'elle reste un échantillon exacerbé d'une vie en dérive de continent ? Elle s'adapte en abandonnant ses habitudes ancestrales et en prenant de nouveaux repères.

⟡

Ce matin, je suis invitée à boire un café à Porsnoan chez Pierrot, un ancien de la Marchande qui a vécu trente ans au long cours. Il me reçoit chez lui, dans sa maison de pêcheur qui ressemble à une cabine de bateau. Circonstance émouvante car c'est la première fois que je suis invitée à entrer dans une maison ouessantine. Cela ne se fait pas aussi facilement et déjà Odette de Puigaudeau le notait dans son récit des années cinquante. Aux murs sont accrochées la carte des naufrages de l'île et une peinture de style naïf représentant son doris. Sur un buffet je remarque un petit caïman empaillé ou encore une pierre en onyx d'Égypte, rapportés de ses voyages. Je fais tourner mon Nagra et Pierrot se raconte. J'enregistre pour mieux sentir l'intériorité de mes interlocuteurs, et aller au-delà de leurs mots et de leurs anecdotes. Je capte le relief de l'émotion dans la voix. Enfant de la guerre, il est né au sud de l'île d'une lignée de marins. Son grand-père maternel était cap-hornier sur des trois-mâts. Il n'était pas rare qu'il reste encalminé des mois dans les mers du Sud, en attendant des vents favorables. Une fois le cap Horn doublé, il rejoignait le Chili où il chargeait des tonnes de guano pour l'Europe. Il raconte encore ému comment son grand-père a disparu à bord du *Cacique*, torpillé en 1917 par un sous-marin allemand au large de l'île d'Yeu. Il conserve précieusement les cartes postales écrites d'une plume légère que son aïeul a envoyées à sa femme et à ses beaux-parents. Il avait vingt-huit ans et était père de deux enfants.

✦

Pierrot, comme tous ces hommes nés sur l'île, a toujours été attiré par la mer et les bateaux. Après un apprentissage à Brest en boulangerie-pâtisserie, il s'est engagé dans la marine marchande comme cambusier avant de devenir intendant et de gérer les approvisionnements. Il apprendra l'anglais pour recevoir les autorités dans les ports. Gamin, il voulait partir, voir du pays, connaître le monde et « surtout ne pas rester enfermé toute sa vie dans un fournil ». Voilà son histoire. Il va voyager sur toutes les mers, débarquer dans tous les ports. Dans son journal de bord, il a noté le nom des navires, celui des compagnies, la cargaison transportée. Du premier cargo mixte *Jean-Laborde* au dernier porte-conteneurs *Adeline* de la compagnie Delmas, soit une cinquantaine de navires en trente ans de carrière. Ce matin, tout lui revient et il se rappelle ses escales et des lignes maritimes, celle d'Europe et d'Asie, celle d'Amérique et d'Afrique du Sud, en passant par l'Australie. Son premier appareillage de Marseille : direction l'océan Indien, Port-Saïd, Djibouti, les Comores.

Il revoit la terre rouge de Madagascar, Nosy Be, Diego-Suarez, la Réunion, la pointe des Galets, l'île Maurice, le Kenya, Mombassa, Dar es Salam, avec à bord 350 passagers et 100 membres d'équipage. Il ne compte plus les paquebots, pétroliers-minéraliers, porte-conteneurs, vraquiers, de toutes les tailles et de toutes les couleurs, et ceux sur lesquels il a navigué des années, parfois dix ans dans les mêmes coursives et les mêmes cuisines. Sa préférence va aux bananiers sur la route des Antilles et de l'Afrique de l'Ouest avec des escales en Côte d'Ivoire et au Cameroun. Et dans ce tourbillon des souvenirs, il ne compte plus les milliers de tonnes de minerai et de kérosène transportées depuis Le Havre vers Constanta en Roumanie, Siros en Grèce, Shanghaï en Chine communiste, celles chargées au Brésil, et déchargées à Rotterdam, les billes de fer du nord de l'Australie à livrer en Italie. Il se rappelle les côtes de la Tasmanie et les quarantièmes rugissants : deux mois de mer pour rallier l'Europe par Cape Town en Afrique du Sud. Le ravitaillement pour l'équipage se faisait par hélicoptère. Il voulait voir du pays et il en a vu, sous toutes les latitudes et par tous les climats. Lui reviennent l'Iran et les Philippines, Manille, San Fernando, puis la Thaïlande, Bangkok, Bahreïn, Suez, Le Caire. Les jours et les nuits sur les super-minéraliers. L'Alaska et les avions pour rallier Anchorage par le pôle, puis Séoul, Tokyo et les Grands Lacs canadiens jusqu'au Supérieur. La descente du Saint-Laurent et les premières neiges avec des températures de moins 30 et moins 35 °C où, pour l'équipage-pont, il fallait chauffer de l'eau pour dégeler les aussières. La Russie et la mer Noire où l'ambiance était plus souple qu'en Arctique, surtout du temps de l'Union soviétique ; la Pologne et tous les pays baltes du temps de l'occupation russe. Il se souvient de l'atmosphère tendue et des permissions de sortie qui couraient jusqu'à minuit. La coupée était gardée par des militaires armés et la fouille des cabines obligatoire. Les cales étaient sondées avec des piques pour déloger les clandestins cachés dans le charbon. Tout l'équipage sans exception passait devant les commissaires politiques, chacun avec son fascicule, son carnet de marin et sa photo. Il n'était pas rare que des prêtres-ouvriers naviguent comme électriciens, cuisiniers ou mécanos. Syndicalistes, ils défendaient leurs droits à bord, revendiquant de meilleurs salaires, plus de temps de repos et des primes pour le transport des matières dangereuses. Certains sont devenus pêcheurs quand les possibilités au commerce se réduisaient.

✦

À cette époque, ces marins avaient du temps pour visiter car bien souvent ils restaient une semaine en escale. Organisés en deux bordées, ils allaient à terre où ils retrouvaient des amis parmi les dockers du monde entier. À Brooklyn, il y avait Tonio l'Italien, au Japon un ami aumônier à qui il apportait des boîtes de pâté Hénaff et du camembert. Ils partaient en excursion aux chutes du Niagara ou aux pyramides d'Égypte. Ils ont découvert le canal de Panama, les cités mayas, Pompéi, la baie de San Francisco ou encore la statue de la Liberté. D'Abidjan à Macao, de Pointe-à-Pitre à Bangkok, ils se souviennent de leurs virées en pousse-pousse et des soirées dans les bars à filles. Au petit matin, ils regagnaient le bateau, soûlés de musique et de tendresses. Ils n'ont rien oublié de ces fumeurs d'opium « secs comme des harengs », des parfums enchanteurs des marchés bigarrés, des accords de musique chinoise et des feulements des animaux dans la nuit profonde. Curieux, ils ont fait fortune de nouveaux visages et de nouveaux paysages. Longtemps après, Pierrot, Louis, Tintin, Fanch et les autres de la Marchande y repensent, car toutes ces sensations sont à jamais imprimées en eux. Un rien suffit pour que tout leur revienne par vagues et surtout quand ils s'y attendent le moins. C'est aussi cela, Ouessant, dans les yeux et les cœurs de ses marins au long cours.

✦

Ce matin, Pierrot me sert un café *strong* en me montrant les menus qu'il concoctait en fonction des latitudes. Le poulet laqué qu'il a appris à cuisiner à Hong Kong, le romazava – le pot-au-feu malgache, confectionné avec de la bosse de zébu et des brèdes mafana –, le rougaille, un plat épicé préparé avec des produits achetés sur le Plateau à Abidjan. Il se souvient encore combien le pacha était content !

Tous te le diront qu'à bord, quand la cuisine va, tout va ! Par quart et par carré, ils mangeaient bien sur les bateaux et dès le casse-croûte, c'est-à-dire dès 9 heures du matin.

Déjeuner
salade niçoise
crevettes

julienne provençale
poulet grillé à l'américaine
pommes mignonnettes
fromages-fruits-café

Dîner
velouté de cresson
tomates farcies au maigre
rumsteak Colbert
pommes fondantes
salade fromages
omelette norvégienne
café
infusion

X

La mer, c'est la grande affaire des hommes, à Ouessant. Cette île du Ponant vibre encore de leurs récits. Il suffit de s'arrêter au bar-tabac de la Poste pour ressentir l'ambiance d'un navire au large de Djibouti, Saïgon ou Cap Town. Les hommes ont navigué ensemble, vécu des coups de chien ensemble, sont sortis en bordées ensemble, ont fêté Noël loin de la famille et du bourg de Lampaul. À cette heure matinale et sur le bout du comptoir, je vois un grand équipage en escale qui se reconnaît et se salue. Dans ces moments, Ouessant m'apparaît comme « l'île aux hommes », celle de *Nos marins embarqués*, ceux qui ont offert, dans leur nomadisme, une ouverture à l'île en ramenant le monde dans leurs yeux et au fond de leurs sacs de matelot. Ceux-là ont bourlingué de rouliers en supertankers et continuent d'arpenter l'île comme ils ont arpenté pendant des décennies les coursives de leurs navires. Ils ont fait carrière au commerce comme d'autres au Sahara. Ils étaient boscos ou mécanos, cambusiers ou graisseurs. Ils n'ont pas déraciné, comme ils disent. Toujours marins, ils ne peuvent envisager de vivre loin de la mer. Avec eux, les horizons défilent comme les centaines de navires qui transitent quotidiennement sur le rail d'Ouessant et nous ramènent vers le chemin de la coupée. Du Havre, d'Anvers ou de Cherbourg, on appareille encore pour une transatlantique : bientôt les alizés et les rivages des Antilles, la moiteur de l'Asie du Sud-Est, les parfums des antipodes et les ambiances sonores des ports du monde entier. Je vis chaque jour à Ouessant comme un nouveau départ. J'écoute ces hommes car ils sont les derniers à pouvoir témoigner d'une vie sur les mers en un temps où Ouessant était ce fabuleux réservoir de marins.

Depuis, je vois l'île comme un avant-poste
Une rampe de lancement vers l'ailleurs.

✦

Tous se souviennent qu'un jour leurs pères et leurs grands-pères ont quitté l'île pour donner leur jeunesse à la Royale, dans des batailles navales contre l'Angleterre, puis lors de l'indépendance de l'Amérique. Ils étaient novices, ils étaient matelots et c'était politique. Ils te diront tous que cette vie sur mer, c'est la faute à Colbert. Et les frégates sont parties et les vaisseaux du Roy, plutôt que les bataillons de pêcheurs. C'était le temps où ils allaient au large comme d'autres à la mine. Tous se souviennent qu'un jour leurs pères et leurs grands-pères sont devenus cap-horniers et que leurs fils ont appris à nager dans les récifs alentour. Tous se souviennent qu'ils ont perdu un aïeul dans les colonies ou sur les bâtiments torpillés. Puis leur jour est arrivé et le choix était clair : tu seras marin mon fils ou gardien de feu. Ceux qui ne se voyaient pas tourner en rond dans un phare ont choisi le grand large et la marine au long cours. Après leur certificat d'études, ils sont entrés à l'École d'apprentissage maritime pour être formés au pont ou à la machine.

À peine sortis de l'enfance, ils ont vécu leurs premiers départs en tant que mousses et leur découverte du monde a commencé dans les bars américains du Havre, Le San Francisco et Le New York Bar. Puis sont arrivés les appareillages. Sûr qu'ils ne donnaient pas beaucoup de nouvelles à la famille. On m'a raconté qu'une fois, une mère d'Ouessant a appelé la compagnie maritime pour demander si le navire n'avait pas coulé car personne ne recevait de courrier de leurs gamins. Quelque temps plus tard, elle a reçu une carte signée de tous ! Le rythme sur mer fut vite pris. Ils avaient vu leurs pères et, comme eux, ils sont partis naviguer pour les grandes et petites cheminées : Chargeurs réunis, Delmas, CMA-CGM, beaucoup aux Messageries maritimes. De 1950 à 1970, ils étaient 270 Ouessantins à faire en permanence le tour du monde. En 1965, on comptait plus de vingt compagnies maritimes. Jusqu'au premier choc pétrolier de 1973, l'économie de l'île ne reposait que sur l'activité de ses hommes qui voyageaient au commerce. Ils ont vécu l'âge d'or de la marine marchande. Aujourd'hui, sur Ouessant, seule une vingtaine continue de naviguer sur la CMA-CGM et à la Britanny Ferries ou encore à la Compagnie du Ponant.

✦

À certaines heures, ces hommes ne partent plus qu'en nostalgie

Ils épousent en rêve d'ivresse les mouvements de leur navire
Et ils restent au quai de leurs chimères et dans une douce amertume
ils se revoient éperdus dans les ports du monde entier
Et leur reviennent en écho
Les senteurs et les saveurs
de Diego-Suarez et de Manille
d'Auckland et de Dakar
l'Asie du Sud-Est surtout
avec ses marchés flottants sur la rivière des parfums,
les jonques et les pêcheurs de coraux sur la baie d'Along
Ces marins ont tous un singe en hiver et des rêves bleus de Chine
Le souvenir d'une fleur au bord des lèvres
et une robe de soie qui glisse à terre
Les femmes à Ouessant le savent bien
La liberté qu'ont certains marins à dire sans pudeur
les douceurs vécues lors des escales
et tant de souvenirs laissés aux creux des océans du monde
Certains soirs, ils sont ces capitaines de bateaux ivres
Solidaires dans leur solitude
prisonniers de leur mémoire qui embellit
captifs d'une double vie qui frise la folie

✦

Tous te diront que dans cette vie de huis clos, les marins restent incompris des Terriens. Certains me confient leur souffrance d'être partis si loin et à contrecœur, secoués par la répétition des au revoir, vécue comme un éternel arrachement. D'autres regrettent d'avoir couru le monde sans le voir car depuis le fond des machines, toute traversée du canal de Panama reste un voyage dans le noir. Il y a ceux qui, à bord de tankers, quittaient Le Havre pour le golfe Persique. Ils naviguaient en mer Rouge mais ne distinguaient que le sable et les chameaux à perte de vue. Tous se souviennent de leur lointaine jeunesse et du quotidien laissé à leur épouse qui disait, quand manquaient les nouvelles, qu'ils bourlinguaient en Chine. Sûr qu'à chaque retour, ils sont comme des chiens dans un jeu de quilles, eux qui n'ont pas vu grandir leurs enfants : « c'est qui ce monsieur ? » et « dis bonjour à ton père ! ». Déjà que leurs mères ne les reconnaissaient pas quand, partis mousses, ils revenaient jeunes hommes. Même s'ils ont tenté d'écrire des courriers et d'envoyer des cartes, ils restaient déconnectés du continent à une époque où Internet et les téléphones portables n'existaient pas. Je sais à présent combien ces hommes sont peinés à jamais dans leur chair de ces absences de plusieurs mois passés au front de la mer. À certaines heures, ces bars deviennent le carré de ces marins échoués.

✦

Tous te diront qu'une fois à bord, il fallait bien lâcher prise. Bien sûr qu'ils pensaient à leur île, mais pour éviter d'être gagnés par le bourdon, ils s'occupaient au rythme des services de quart. Certains disent qu'il ne fallait surtout pas s'enfermer, sinon c'était la mort du petit cheval. Alors, ils pêchaient selon les courants et la vitesse du navire. Il arrivait que certains dépriment au point d'être débarqués quand d'autres se noyaient dans l'alcool ou se suicidaient à bord. Va et écoute-les, ils te parleront de leurs peurs carabinées lors des tempêtes qui duraient des jours entiers et par tous les azimuts. Entre Frisco, Manille et Osaka, dans les parages des Philippines, pris au piège des typhons, ils étaient chahutés par des vagues de 15 mètres. Il y a eu ce minéralier long de 200 mètres, plombé d'une cargaison de charbon qui vrillait comme une chenille dans une mer devenue blanche et qui frisait sous un ciel poudré. Projetés bord sur bord, les marins ne pouvaient fermer l'œil. Juste écouter le vent et le bruit des machines. En cuisine, les plaques à pâtisserie manquaient de les décapiter. Arrivés au Japon, plus personne dans l'équipage ne tenait debout. Pierrot se rappelle les harponnages dans des flots en furie : la coque ouverte comme une boîte de conserve sur plus de 100 mètres. Pendant des heures, son bateau est resté encastré dans l'étrave d'un chimiquier. Il redoutait de sauter au milieu de l'océan.

XI

À la fin des années cinquante, ces hommes naviguaient sur les Liberty Ships, ces navires construits rapidement par les Américains et donnés en dédommagement aux Français, après la Seconde Guerre mondiale, pour reconstituer leur flotte marchande. Les cabines étaient toutes petites et sous les tropiques, par 40 °C, les hommes dormaient sur les ponts, bercés dans des hamacs. Là, une partie de la nuit, rafraîchis par les alizés, ils chantaient, jouaient de l'harmonica, pensaient à leur île de la mer d'Iroise. Tout se transportait sur ces navires : des locomotives à vapeur chargées à Hambourg et livrées en Afrique du Sud. Du vrac, en veux-tu en voilà, du soufre récupéré sur le Mississippi et envoyé en Thaïlande. Du minerai pris à Santa Cruz au Mexique ou en Colombie et expédié jusqu'à Durban. Tout voyageait, du charbon vietnamien à la poussière d'amiante. Certains racontent même que, pendant la guerre du Vietnam, ils transportaient des armes pour le compte des Américains et rapportaient des cercueils plombés à Marseille. Les images des B52 et des chars dans le port de Saïgon sont encore très vivaces dans leur esprit. Des bateaux grecs revenaient chercher le matériel endommagé pour le fondre et le transformer en armes. Au retour, c'étaient les femmes coiffées de leurs chapeaux coniques qui les déchargeaient sur les quais. Tout cela ne s'invente pas et ce matin dans le bourg, on me dit qu'il s'en serait fallu de peu pour être placé sur orbite. Les bateaux-poubelles arrivaient de partout à Marseille et les marins consommaient plus que les moteurs. L'alcool aidait à tout supporter : l'état du bateau, l'épuisement, l'éloignement. Il n'était pas rare qu'un marin présente un Pascal (500 francs) et paye sa tournée générale. Il y avait toujours une bonne occasion de faire la fête : la joie de la lettre d'une aimée ou la déception d'un courrier attendu. D'autres racontent leurs premiers engagements comme matelots sur des cargos mixtes qui servaient au transport de migrants. Le *Charles-Tellier* appareillait depuis Hambourg *via* Anvers, Le Havre, Vigo en Espagne où une infirmière portugaise montait à bord, et mettait le cap sur Rio de Janeiro, Santos, Montevideo, Buenos Aires. C'était dans les années cinquante et il fallait quarante-cinq jours pour toucher le Brésil et l'Uruguay. Des hommes et des femmes avaient choisi l'Amérique du Sud pour le travail et une vie meilleure. Les Allemands les plus fortunés et les Hollandais partaient en Argentine. Il est notoire que parmi eux se cachaient d'anciens nazis. Plus tard, dans les années quatre-vingt, les mêmes marins iront secourir en mer de Chine les premiers boat-people, ceux qui arriveront comme réfugiés politiques en France. Ils se souviennent encore de leur surprise à voir en pleine mer, entassés sur de frêles embarcations, ces familles qui fuyaient le régime du Vietnam. Ce matin, un marin me montre les photos qu'il a conservées. Sur ces clichés en noir et blanc, je vois une nuée d'enfants et de jeunes femmes, plus d'une centaine, déshydratés. Une image qui aurait pu être prise ces derniers mois au large de Lampedusa. Ils ont rejoint le bord où ils ont passé deux nuits avant d'être débarqués à Hong Kong. Là, ils ont été pris en main par le service sanitaire. Ces marins disent le calme et la discrétion de ces hommes et de ces femmes partis sur les mers pour une vie meilleure. Une impression de flou et de disparition a opéré sur le papier photographique, celle qu'ils espéraient sans doute en s'éloignant de la barbarie qu'ils subissaient. « Ils ne nous ont pas gênés », me rappelle, bien des années après, ce marin à la retraite qui raconte avec émotion ces histoires qui font tant écho à une actualité à laquelle on n'échappe pas, même à Ouessant.

✦

Le plus troublant est d'entendre certains raconter leur existence sur mer vécue comme une contrariété, assimilant le navire à une prison. Ces hommes n'étaient pas faits pour la navigation. Plus attachés à la terre des îles qu'à la mer. « Il fallait bien faire le marin », me confient-ils. Quand on naît sur une île, c'est une évidence de partir naviguer, même si on a le mal de mer la moitié de sa carrière et que l'on embarque la boule au ventre. Ces hommes disent qu'ils ont choisi leur place à bord sans grande conviction : entre l'huile des frites et l'huile des moteurs, ils ont opté pour la machine. Un métier fait de gestes plus que de paroles où l'on travaille au nez et à l'oreille, dans les vapeurs de mazout. Sûr qu'ils en ont avalé, et on peut dire qu'à ce régime peu ont profité de leur retraite. Leurs femmes ont vécu seules et dans l'attente, en tête à tête avec elles-mêmes. Parfois, à Ouessant, je me dis que je vis dans la mélodie de ce chant lancinant, une plainte qui vient de loin et de la mer. Il s'agit d'un état que les gardiens de phare connaissent bien aussi, fichés des semaines entières, face à la mer, c'est-à-dire face à eux-mêmes. À terre, les femmes se rassemblaient, comme les maris embarqués. Elles prenaient la mesure de la distance qui les séparait en ouvrant un atlas dont elles tournaient les pages, évaluant les routes empruntées, les pays découverts. Les enfants plus grands parlaient de leurs pères voyageurs, des escales et des compagnies maritimes. La mappemonde n'avait pas de secret pour eux ! L'ouverture est arrivée sur l'île par cette géographie rêvée qui représentait une connaissance de l'ailleurs au-delà de l'ailleurs. Aujourd'hui, leurs visages et leurs mains, autant que leurs voix, rappellent leurs hommes qu'elles ont vus partir tant de fois, avec la pensée qu'ils pourraient ne pas revenir.

✦

Cet après-midi encore, j'imagine les voix des marins qui, passant au ras du Créac'h, ont tant de fois résonné *via* le poste de radio pour annoncer leur prochain débarquement au Havre. J'entends de nouveau le rire des enfants heureux de voir revenir leur père, contre qui ils seraient de nouveau collés comme des berniques. Toute arrivée était une fête et, dans le Fromveur, aux trois coups de sirène du navire, le gardien de phare de Kéréon répondait en agitant le drapeau français. La plupart, après ces mois de navigation, étaient les bienvenus. Sur l'île, des travaux de peinture et de réparation les attendaient. Ils allaient aider les voisines. Pendant l'été, ils pêchaient et rapportaient du poisson pour tout le monde. Grâce au journal *Le Marin*, ils suivaient le parcours des bateaux dans les ports et puis, un jour, ils entendaient la petite sonnette de « Soize Beautemps », la porteuse de télégrammes qui parcourait toute l'île à pied pour annoncer le jour d'embarquement. Au lieu de dire bonjour, elle disait « beau temps » et tout le monde la connaissait sur l'île. Elle était comme une mère pour tous ces marins.

XII

Très tôt, après mon arrivée, j'ai ressenti en circulant sur l'île une certaine satisfaction à constater l'indisponibilité du réseau sur mon portable. Je me suis dit : enfin coupée du monde ! Je suis arrivée sur cette île en naufragée volontaire avec une faim de solitude pour mieux renaître augmentée d'une nouvelle peau, celle de l'écriture. C'est cette même envie d'effacement ou d'oubli que l'on souhaite parfois en voyage, loin de sa base. Il y a, je crois, dans ce besoin de monologue intérieur, une nostalgie du secret et une recherche d'abandon. Je sais que certaines personnes n'aiment pas les îles pour l'enfermement qu'elles supposent. Elles les considèrent comme des prisons où la vie est un huis clos des jugements, ce qui n'est pas complètement faux. Je savais que les antipodes et le silence étaient une réponse à mon désir de retranchement. Bien sûr, que l'on pense à Robinson et à la quiétude de l'île déserte. On y pense beaucoup, même. Je me suis attachée jalousement à mon lieu de vie, le sémaphore, l'île suprême. Devenue capitaine solitaire à la passerelle du navire, j'ouvre quelquefois ma porte aux visiteurs de passage, curieux de monter à la chambre de veille, mais pas trop souvent. Je goûte surtout le grand bonheur d'y accueillir ceux qui me sont le plus chers. Il ne faut pas non plus se la raconter : la vraie solitude serait de se couper des moyens de communication alors que j'ai à disposition une télévision installée dans la cuisine et une connexion Internet qui offre à Ouessant, comme ailleurs, cette simultanéité qui se révèle finalement comme la première perte de liberté. Toute l'île, bien que séparée du continent, est très reliée, et les Ouessantins ne sont pas les derniers à être présents sur les réseaux sociaux. Le passage des nuages rend plus contemplatif et nos yeux se colorent des reflets océan, mais si on oublie le monde, le monde, lui, ne nous oublie pas !

✦

J'ai commencé à prendre mes marques quand j'ai délaissé le continent. C'est le moment où j'ai troqué mes baskets orange, qui faisaient, selon un Ouessantin d'adoption, trop Brooklyn, pour ma paire de bottes en caoutchouc. Ici en un regard, tu comprendras : pas d'ostentation, mais de la discrétion. Dans le même temps, je suis descendue fureter sur les grèves à la lisière de la terre et de la mer. Là, j'ai trouvé des morceaux de coquillage, des bouts de toile et des os de seiche. Comme Agnès Varda, j'ai glané et retenu sur la plage un peu de l'or du temps. J'ai croisé Pierrot qui m'a dit que les ormeaux remontent à la côte en hiver. Je lui ai répondu que nous irons ensemble à la pêche à pied. Ai rencontré Jean, ancien gardien de phare qui peint des bois flottés. En rentrant, un lieu jaune m'attendait, suspendu à la poignée de la porte du sémaphore !

✦

Depuis mon promontoire, je regarde la mer qui évolue, mobile comme un drap d'un gris-bleu intense sous un couvercle de cumulus. Les gros nuages charbonneux ont pris position. Je n'ai pas le temps de sortir mes pinceaux que déjà la nuit m'enveloppe. C'est à l'ombre du grand phare que je m'enfonce plus profondément dans l'hypnose que suppose l'écriture. Dans ce lâcher-prise, il est possible de se retrouver et de réfléchir à ce à quoi nous sommes faits. Là, dans ce bout du monde, je me sens plus vivante et surtout plus en adéquation avec mes rêves d'enfant. Si tout cela remonte à loin, je suis bien incapable de savoir comment ces rêves de robinsonnade m'ont été inoculés. Mais cette vie, je la porte en moi comme une longue procession qui n'a jamais cessé depuis mes premiers mouvements dans la campagne bretonne, sur les sentiers du Vercors, à vélo à travers la France ou en marche à travers la planète. Cette fois-ci, j'entre dans la chambre obscure d'Ouessant avec la sensation de pénétrer dans la forêt Kipling de mon enfance. Et si venir ici tout un hiver était une fuite, une dérobade égoïste ? De cette accélération du temps, j'aime la mise à l'écart pour la contemplation des paysages et la plongée dans la lecture : Léonard de Vinci, Saint-Exupéry, Camus, Messiaen, Cendrars. Ils sont tous là, en amis. Ouessant étant la promesse d'une vie plus intense, plus réelle, soumise à la météo qui devient de plus en plus sévère.

À cette heure avancée de la nuit, le sémaphore devient ce tube d'orgue marine, bouche de fée face à la mer qui monte en puissance et se fracasse au loin sur les brisants. Je sais maintenant que, cette nuit encore, les murs vont trembler et les armoires se réveiller. Bientôt, tout le bâtiment est encerclé de grincements qui font penser aux trépidations d'un navire. Dans la chambre de veille, je pense à un autre paquebot plus parisien que d'aucuns plus gourmands nomment en des termes fromagers : Camembert. C'est la Maison de la Radio où je suis sortie de ma chrysalide et où j'ai grandi. C'est là, de l'autre côté du pont de Grenelle, que j'ai échafaudé mon premier grand voyage insulaire en mangeant des sushis avec Claude Villers. Quelques semaines plus tard, je mettais le cap sur les îles Lofoten, au-delà du cercle polaire arctique. Ce soir m'apparaissent clairement des similitudes entre le sémaphore et la Maison ronde qui veille en silence sur la mer de Paris et je repense aux quarts vécus, lors de mes émissions, à bord de ce paquebot sonore amarré au quai Kennedy, lui aussi balayé par un grand phare, celui de la tour Eiffel. Lors de ces navigations nocturnes, mon cœur cogne comme un balancier d'horloge et les paroles entendues arrivent en ressac comme la houle qui revient. Les mots sont les mêmes coups de canon qui résonnent et éclatent sur la page. Il est 2 heures du matin et je n'arrive pas à dormir. En ce début novembre, le vent très présent traverse l'île de part en part. Il accroche les haubans du toit-terrasse et joue maintenant du marteau-piqueur, donnant soudain l'impression qu'un hélicoptère est en train de se poser. Quand il devient cette musique noire d'improvisation, je vois le Créac'h se dresser en grand masque africain du pays dogon. Dans les faisceaux grumeleux qui vibrent sous l'effet des bourrasques, je le vois qui commence sa danse de Saint-Guy. Je regagne mon lit.

✧

Les nuits de plein vent, je pars si profondément dans mes rêves que j'ai l'impression de remonter des abysses. Ce matin, il souffle encore et les goélands jouent dans les courants ascendants. Ils planent et se laissent dériver en translation devant mes fenêtres, comme un appel à vivre maintenant, plus intensément et dans l'accéléré de la cavalcade des nuages. J'attrape mon bonnet et sors sur la lande.

✧

Les pipits maritimes se dispersent sur le chemin
Je marche en direction de Locqueltas
En face de la Jument
la mer s'est tue
Eau blanche sur roches noires en coulées volcaniques
Les goélands appellent par leurs cris répétés
mais le soleil brûle les traces des suppliciés
Un cormoran en vigie déploie ses ailes
J'attends la marée montante
Soudain, la nappe marine devient ce quintette aux accents lugubres

Les failles se font siffleuses de mer

Que savons-nous des grands animaux qui habitent les grottes de l'île ?

Là, à l'ombre des cavités, ils se signalent par leur spray

Depuis les profondeurs ils pansent leurs belles et douces peines

Venir sur Ouessant, c'est se cacher certains jours à l'abri de la terre

C'est rentrer dans sa coquille pour reprendre haleine

Je ne savais pas que venir sur l'île, c'était aussi devenir souffleuse de mer.

XIII

Chaque jour, et depuis le premier, je vais et viens sur l'île, poursuivant ma déclaration d'amour à la vie, à la mer, à la Bretagne, au monde entier. Je continue de voir des regards qui dansent comme des postures de flamme gitane, donnant à l'ensemble de l'île une puissance tandis que, dans les larges ciels, voyagent les nuages lourds de pluie. Les semaines s'écoulent et les visages s'adoucissent, beaucoup ont compris ma démarche d'écriture et mon désir d'immersion.

✦

Le jour où l'on raccompagne son amour, un ami, ses parents au bateau, l'île se révèle tout autre. Éliane et Pierre, Thierry et Alexis m'ont fait l'immense joie de venir partager quelques jours au sémaphore. Nous avons arpenté l'île ensemble, nous avons regardé les lumières du couchant ensemble, nous sommes montés en haut du grand phare ensemble, nous avons fait silence ensemble, face à l'énormité du lieu.

Dans la convergence des optiques,
l'île s'est mise à exister quand tu es reparti
Quand on suit le bateau du regard et qu'il disparaît derrière le cap de terre pour ne laisser qu'un souffle de nuage aussi vite effacé par le vent
c'est un soupir d'absence qui s'abat
En même temps qu'au large
le soleil est ce festin bu par la mer
Le ciel et la mer tout alentour deviennent cette grande absence
une flaque de douleur dans la nacre du soir
La lumière qui crève l'horizon devient la seule consolation
avec l'écriture pour tenir en ces lieux
Dans la convergence des optiques
Quand le bateau est reparti
Mon amour pour toi s'est étoffé de la distance
L'île t'a rendu à moi
C'est l'éclat du bonheur furtif qui nous fait croire que tout est à nouveau possible

✧

Jamais encore en regardant le large l'horizon ne m'a paru aussi sauvage et traître. L'île et la mer, si multiples et changeantes, montrent soudain d'autres facettes. On pense alors à toutes ces femmes qui ont supporté les départs répétés de leurs marins de maris, de leurs frères et de leur père avant que leurs fils leur annoncent leur premier embarquement. On comprend mieux leur retenue et leurs visages secrets aussi.

✧

Je comprends au fil de mes rencontres que, si les hommes ont apporté dans leur nomadisme une modernité et une autre conception du monde, les femmes, elles, sont gardiennes de la tradition. Quand les hommes sont plus révolutionnaires ou réformateurs, les femmes sont plus conservatrices. Longtemps bretonnantes, elles sont catholiques et redoutaient ce qu'elles ne connaissaient pas. Je sais maintenant qu'il ne fut pas toujours évident pour les hommes, lorsqu'ils revenaient de leurs embarquements, de retrouver leur place. Dans cette difficile rencontre, on devine qu'il fut délicat aussi pour les femmes de trouver chaussure à leur pied. Sans oublier les enfants qui grandissaient sans père, et on peut imaginer le manque énorme que cela représentait dans la construction des adultes qu'ils allaient devenir.

✦

Il faut savoir lire derrière ces regards, parfois mélancoliques. Il fut un temps relativement lointain où, sur Ouessant, le médecin de marine avait noté de nombreux cas de dépression et d'hystérie, de femmes prostrées dans une forme de neurasthénie liée à la pression de responsabilités non partagées, à la monotonie et à l'enfermement d'une vie entre elles. Nicolas Bouvier en parlait dans son récit de voyage sur les l'îles d'Aran. Le lourd chagrin des jours de pluie, des jours sans tendresse, des jours où l'ennui s'installe dans la solitude des départs. L'anxiété venait peut-être aussi de la peur et des tensions contenues dans la sévérité de la météo. Ces angoisses ont été transmises, par les mères de leurs mères, aux nourrissons qui furent allaités tandis qu'on pleurait un enfant mort, un père ou un frère disparu, emporté par la mer. Il y a sur les îles, du fait de leur taille restreinte, des tristesses plus inconsolables car elles se répondent et s'entretiennent. Lasses, elles le sont aussi parfois des sempiternelles et mêmes questions posées, car Ouessant fascine et continue d'être mise sous microscope par bon nombre d'étudiants qui se succèdent tous comme les artistes et les écrivains.

✦

Encore aujourd'hui, dans ces hautes solitudes, il y a beaucoup de mystère et de violences. Il m'arrive de lire, sur les visages et dans les regards, certaines résurgences de ce passé, de ce manque de tendresse quasi insondable. On devine que chacun a appris à faire autrement. Certains et certaines n'ont pas attendu le mariage pour tous pour s'aimer et se consoler. Et peut-être plus qu'ailleurs, les histoires se tissent et se détissent en liberté et sans jugement. Mais il y a aussi les interdits et les non-dits, les enfants nés dans le secret des tempêtes et tout ce que l'on ne soupçonne pas ou que l'on ne veut pas savoir. Tout cela continue de traverser les générations, comme partout, tout en se vivant mieux car aucun tabou n'échappe à l'île. Tout un grand charivari frémit face à la mémoire de la mer.

✦

On m'a raconté que, il n'y a pas si longtemps encore, des jeunes femmes s'endormaient en faisant en songe le tour de l'île, en rêvant et en comptant les garçons libres qui auraient pu les rendre heureuses. Oh, ils étaient nombreux ! Mais, malgré leur jeunesse, certains sont restés vieux gars sous la coupe de leurs mères qui ont tué dans l'œuf tout désir.

Les plus autoritaires se permettaient de choisir la fiancée de leur fils.

Aujourd'hui, les choses se sont largement assouplies et le changement a été enclenché par les mariages et les unions avec des personnes extérieures. La société ouessantine s'est recomposée. Une souffrance demeure chez celles et ceux qui ont vieilli dans l'espoir d'un mariage et continuent d'en vouloir aux plus anciennes et, en définitive, à leurs propres mères. Leur temps est passé. D'où ce sentiment d'inachèvement nourri d'amertume face à celles venues d'horizons où la vie paraît plus facile. C'est ainsi que, la première fois, les Ouessantines vous dévisagent, et la deuxième fois elles vous regardent avec plus de douceur. Dans ce vent qui souffle plus fort, j'ai compris qu'il faudrait aimer ces femmes plus qu'ailleurs.

XIV

Sur un territoire où la vie est conditionnée par le vent et la pluie : pas de ronds de jambe, on va directement à l'essentiel. On frappe à la porte et on entre sans attendre que l'on vienne vous ouvrir. C'est ainsi que je me suis retrouvée pour la première fois chez Malou. Je me tenais dégoulinante de pluie dans l'entrée. Tu n'auras jamais faim sur l'île, m'a-t-on dit. Et, en effet, aujourd'hui encore je suis invitée à prendre le café qui est ici un vrai goûter et qui me calera jusqu'au lendemain. Malou fait partie de ces femmes qui ont eu la chance de se frotter à d'autres climats. Je les appelle les femmes-Ulysse. Dès les années soixante, elles ont passé leur jeunesse sur mer en accompagnant leurs maris partis au Commerce. Curieuses du monde et des autres cultures, elles embarquaient autant que possible pour les tournées du Nord qui duraient quatre semaines : Le Havre, Dunkerque, Anvers, Hambourg, Brême, Rotterdam. Parfois à bord des bananiers. Elles quittaient leur île pour rejoindre leurs hommes dans les ports, accompagnées du petit dernier quand elles ne le laissaient pas aux grands-mères. Aujourd'hui, bien des années après, ces îliennes paraissent plus apaisées et épanouies. Certaines ont gardé cette habitude des petites excursions.

✧

À l'époque, les escales duraient une semaine ou plus, le temps que les dockers ouvrent les cales et les vident. Ce n'était pas encore les cadences imposées par les navires semi-automatisés et les commandants qui ne font pas dans la couture. Les femmes descendaient à terre pour découvrir une ville. Elles se rappellent avoir goûté un bon chocolat et être allées au zoo voir les animaux exotiques. Pendant les journées de navigation, elles tricotaient ou bien s'amusaient au palet sur le pont, en fonction de la gîte, avec les matelots et les garçons de carré. Le soir, elles jouaient aux cartes et, quand le mari était maître d'hôtel, elles aidaient en cuisine. Elles aimaient les soirées dansantes au Zillertal à Hambourg. Là, tous les marins du monde se retrouvaient et au changement de cavalier, et elles se rappellent avoir valsé avec des commandants japonais ou coréens. En mer, elles se postaient à l'avant du navire, loin des bruits de la machine, et regardaient l'étrave qui fendait la nappe marine. Elles guettaient les poissons volants – les exocets –, les arcs-en-ciel et le rayon vert sur l'horizon. D'autres racontent les bars à filles comme les bars à mecs : l'argent à droite et le laissez-passer à gauche. Certains jours à Ouessant, les gorges se serrent de trop de souvenirs et les yeux s'ouvrent à nouveau sur la traversée de l'Atlantique, Montevideo et Buenos Aires, la baie de Rio et les favelas éclairées dans le lointain. À cette époque, à Salvador de Bahia, on te demandait d'où tu venais et non ce que tu faisais.

✦

Dans cet effondrement des distances, je sais maintenant qu'il reste les paroles de ces femmes et de ces derniers marins. Leurs maisons offrent un voyage tout autour de leur salon. En cela, Ouessant est l'île de tous les océans. Il suffit d'entrer chez les habitants pour constater que leur intérieur est fortement imprégné du parfum des antipodes. Les hommes, à force de rapporter des objets de tous les horizons, ont fini par faire entrer le monde entier dans leurs maisons qui sont devenues, au fil de leurs retours, de véritables cabinets de curiosités où l'exotisme côtoie le sacré. D'une certaine façon, ils ont toujours intégré les trésors de leurs voyages à ceux, providentiels, déposés par la mer sur les criques de galets : les bois de bris et les panneaux d'écoutille, les mâts et les planches ou, mieux encore, les essences rares qui vont constituer des éléments d'aménagement. Ils les transformaient pour fabriquer une commode, un banc ou encore le prestigieux *penn brao* : la pièce où l'on recevait. Il était décoré de grosses boules de verre doré, rouge ou bleu métallique, de fleurs en tissu, d'images pieuses, collectionnées et achetées par les femmes lors de pardons sur le continent, des premières cartes postales chromo de la baie d'Oran ou de Constantinople. Les hommes rapportaient aussi de grandes statues de la Vierge sous globe, dite Vierge de Marseille ou d'Aubagne, protectrice des marins, lesquelles trônaient sur le haut de la cheminée, comme sur l'autel des ancêtres. J'ai vu ces mêmes images chez mes grands-parents paternels où s'entremêlaient dans de hauts vases de Quimper un rameau de buis et les branches séchées de la monnaie-du-pape. Et, dans l'éclat du feu de bois qui illuminait le balancier de l'horloge, je rêvais déjà de lointains horizons qui se résumaient dans cette période de l'enfance à l'exploration outre-Manche des îles anglo-normandes avec leurs jardins plantés de fougères géantes et de rhubarbe préhistorique. Il faut entrer chez les Ouessantins pour constater que leurs maisons palpitent encore des grandes traversées du temps de la marine à la voile. Ces hommes reproduisaient avec beaucoup de minutie leur navire : trois-mâts ou vapeur. En bois ou en os d'albatros, l'oiseau des tempêtes qui veille sur les âmes des marins disparus. Ces œuvres d'art modestes sont tout ce qui les relie à leurs ancêtres. Ils les protègent de la poussière sous un cadre de verre et tout autour gravitent des bibelots plus contemporains rapportés de leurs tours du monde à eux, à l'époque bénie de la marine marchande.

Va et écoute ces murmures des lointains
Va et écoute ce que disent ces objets du voyage
Va et regarde ces bateaux en bouteille
Jouets mécaniques du Japon
Kimonos colorés
Bouddhas de bois sculpté
Boules en ivoire de Canton

Va et regarde ces perles comme autant de fragments du monde
Colliers en ambre de Pologne

Corne de zébu
Coffret décoré d'ailes de papillon
Vase en cristal de Bohême
Morceau d'onyx du Caire

✦

Dans leurs souvenirs d'escale, tous ont rapporté des peintures sur soie et des coquillages exotiques, un bracelet d'esclave qui aurait plu à Prévert et un caïman de Pointe-Noire, une carapace de tortue et des épices, sans oublier les premiers postes de TSF. Certains affirment que le progrès est arrivé plus tôt sur l'île que sur le continent, grâce en partie à ces mêmes marins qui ont rapporté les premières télévisions et appareils électroniques *made in Taïwan* ! Va et tu verras que dans ce rêve d'Orient, il n'y a pas une famille sur Ouessant qui ne possède son service en porcelaine de Chine. C'est comme cela que, dans chaque maison ouessantine, on porte haut les objets exotiques jusqu'à les faire côtoyer le monde de l'au-delà et on constate que l'univers entier a fini par se trouver une place aux côtés des images pieuses et du panthéon local. L'histoire maritime de l'île se lit comme une grande fresque sur les murs : les photos, les cartes racontent les départs, une vie souvent tragique. Dans un esprit de dévotion, le voyage a fini par donner des couleurs à la mort.

XV

Aujourd'hui est un grand jour, je viens de recevoir l'autorisation officielle de monter dans le phare du Créac'h. Séjourner à Ouessant, c'est aussi écouter les derniers gardiens, les « allumeurs de phares », comme les appelaient Gustave Flaubert et Maxime Du Camp lors de leur voyage sur la côte bretonne. Je suis attendue par le gardien en chef qui me fait franchir l'immense portail en fer forgé et les hautes enceintes du Créac'h. Ces hommes, qui se tiennent debout face à la vague qui déferle, ne se laissent pas approcher si facilement. Autrement dit, on n'entre pas dans un phare comme dans un moulin ! Je ressens un vertige de verticalité au pied de cette patte zébrée et me revois dans les rues de Chicago, berceau de l'architecture moderne qui a vu surgir les premiers buildings en béton armé. Ses rayures noires et blanches imposent leur solennité dans la cour où résonne un silence presque sauvage. Je fais tourner mon Nagra.

✦

J'arrive à ce moment ultime où les gardiens sont à la veille de mettre la clef sous la porte de ce phare, autrefois le plus puissant avec ses 500 000 bougies qui illuminaient la mer d'Iroise. Dans quelques mois, ce sera la fin d'une époque et le Créac'h sera relégué à un avatar, transformé en un vaste musée des Phares et Balises, dernière étape avant l'extinction de la lumière car ils te le diront, dans dix ans tous les feux de l'arc finistérien seront soufflés. La technique et les satellites prendront le relais. Comme le paquebot *France*, il sera remisé sur le quai de l'oubli. Certains disent pourtant qu'en cas de panne des systèmes ces forteresses seraient encore vitales pour guider les marins, les pêcheurs et les plaisanciers. C'est à se demander si les idées du siècle des Lumières montrent encore la voie et continuent de nous inspirer.

✦

Le Créac'h est un phare de « grand atterrissage », un amer visible également de jour, considéré comme le *nec plus ultra* de la technologie avec une portée sur mer de 60 kilomètres qui va jusqu'au rail d'Ouessant. Semi-automatisé, mais pas télé-opéré, il veille, du haut de ses 77 mètres au plan focal, sur l'entrée et la sortie de la Manche. Il est une signature sur l'océan. Mieux, il est ce pincement au cœur et ce réconfort pour tous les marins qui croisent au large et les habitants des îles alentour. Il renferme pour quelques mois encore le centre de télé-contrôle de la pointe Finistère : toutes les lumières qui s'égrènent depuis Roscoff au nord jusqu'à la baie de Douarnenez au sud, soit une soixantaine de balises gérées *via* des écrans d'ordinateur et des téléphones reliés à des alarmes de secteur. Le cordon de surveillance s'organise aussi grâce à des hommes en alerte qui préviennent la préfecture maritime quand une balise ou un autre phare fait défaut.

✦

Je suis invitée à pénétrer dans les coulisses de cet œil ouvert sur la mer et sur les nuits que je passe en contrebas. Ce n'est pas rien, tout est là dans cet avant-poste breton. Sous le Second Empire, pour faire face à l'augmentation croissante du trafic maritime, l'hydrographe Beautemps-Beaupré, les industriels parisiens main dans la main avec les ingénieurs des Ponts et Chaussées, et bien sûr le génial Auguste Fresnel, ont pensé tout un réseau d'éclairage. Cette côte sera alors considérée comme la mieux balisée de la planète. Il y en a eu, du jus de cerveau et des calculs mathématiques pour en arriver à la loi de l'optique et l'invention des lentilles, les temps d'occultation et en avant ! Tout est raconté, dans le superbe musée qui se niche dans le soubassement du phare du Créac'h, de cette époque où la France pouvait être fière d'afficher sa suprématie dans ce domaine. Je reste ébahie devant la collection de ces cathédrales de verre ciselé : véritable trésor que l'on découvre comme on va admirer les bijoux de la Couronne d'Angleterre à la Tour de Londres. Il s'agit bien là d'un joyau. La majeure partie de ces lentilles provient des réserves de l'Exposition universelle de 1878 au Trocadéro. Je me prends à imaginer le convoi exceptionnel qui remonta la Seine, gagna la mer par l'embouchure au Havre, puis, cap à l'ouest, longea la côte nord de Bretagne. Des optiques en pièces détachées, véritable puzzle de verre qu'il a fallu reconstituer. La poésie était déjà là dans ce voyage peu banal avant que ne se répondent, l'été dernier, les voix des écrivains et les envolées d'une chanteuse soprano aux accents baroques, les improvisations à la flûte traversière et aux percussions de cymbales d'un ange aussi léger que Puck aux mille idées éprouvées.

✧

Il faut ressortir du centre de télé-contrôle pour accéder à la machinerie. Un petit couloir carrelé d'où transpire une odeur de gasoil et d'huile de graissage relie des bureaux restés en l'état, comme celui de l'ancien maître de phare. Le mobilier en chêne clair, où est encore posé un porte-plume, ressemble à celui d'un commissaire de police. Au fond, percé de larges portes-fenêtres, est ouvert un atelier de réparation avec un établi et une collection d'outils accrochés à des panneaux de bois. Cartes marines et photographies jaunies sont figées sur les murs et ronronne en basse fréquence la soufflerie d'un groupe électrogène dont les moteurs pourraient prendre le relais en cas de panne électrique. Il y a là quelque chose de chaud et de vivant, tout à la base du phare, dans ce lieu de vie où des hommes comme sur un navire vont et viennent au rythme de leurs quarts de jour et nuit. Sur la gauche se trouve l'accès à la tour elle-même. Une lourde porte en chêne se loge dans une muraille gris anthracite si épaisse qu'on a l'impression d'entrer dans un coffre-fort, ceux des films noirs des années cinquante. Au-dessus, comme une adresse, une étoile de couleur avec l'ancre et la rose des vents est le signe de reconnaissance des Phares et Balises. Cette porte reste toujours close car il est arrivé que les lampes de la lanterne soient volées, me dit l'un des gardiens que je vois s'éclipser, le temps d'attraper la clef qui est posée à un endroit connu d'eux seuls. Elle est impressionnante par ses dimensions : énorme, elle date de la construction, c'est-à-dire de 1863. D'un geste magique, il l'introduit dans la serrure et, dans un grincement lugubre, apparaît le ruban d'escalier en colimaçon, merveilleux coquillage conçu pour les marins. Pleine d'entrain et de curiosité, je m'élance vers cette nouvelle spirale d'échos, poussée par la musique invisible des étoiles. Cette expérience deviendra l'une des plus poétiques de celles que je vivrai sur l'île.

✦

Ce sont nos pas et nos voix qui résonnent
Deux cent cinquante-deux marches et contremarches
avalées deux par deux
qui nous hissent et nous emportent
depuis la pierre sacrée jusqu'à la lanterne
Autant d'histoires qui se répondent
de tous ces hommes et de toutes ces femmes
dans cette remontée des abysses
en cadence et en rythme
d'une improvisation à la Marin Marais
et on reprend la rampe de leur vie
tranchée en quart au front de la mer
On s'arrête et on grimpe dans cette colonne d'air
Et on se hâte vers la lumière

À chaque palier de décompression
On respire et on écoute le fantôme du phare
qui vibre et sonne comme une viole de gambe
Sais-tu que chaque phare a sa propre couleur sonore ?
Certains sont sinistres les jours de tempête
d'autres plus aigus et continus émettent un sifflement intenable
Sais-tu que chaque phare a sa propre odeur ?
Celle du pétrole que l'on emporte avec soi
dans ses vêtements et dans ses draps
quand on revient à terre
Encore un tour de vis et je me déleste
dans ce fût et ce qui fut
encore un tour de vis et je vais
vers l'infini de l'univers
tisser des filaments vers les étoiles

✦

Il fut un temps où des hommes et des femmes naissaient dans la cité des phares avec la mer pour horizon. Ils grandissaient sous le ballet des optiques, la tête caressée par les pinceaux de lumière et s'amusaient au pied d'un lieu qui était un village en soi où vivaient plusieurs familles. Ils étaient surnommés les Cracous du Créac'h, les bourgeois. Si un gardien mourait, la femme prenait le relais des quarts. Le bâtiment était un terrain de jeux pour les enfants qui montaient tirer les rideaux kaki qui protégeaient du soleil les lampes et les optiques. Les plus hardis descendaient à califourchon sur la rambarde à l'aplomb du vide avant de devenir eux-mêmes gardiens. Plus tard, ils savaient qu'ils emmèneraient leurs propres enfants jusqu'à la lanterne, comme on va à la mer. Combien se sont endormis émerveillés, apaisés par la rotation du grand manège ?

✦

Thierry, Guy, Louis, Jean sont eux aussi des travailleurs de la mer : ultimes témoins à pouvoir encore raconter leur activité : être au chevet d'un feu en pleine mer n'est pas banal. Ils sont allés à l'école des électromécaniciens à Brest et Gris-Nez pour devenir auxiliaires, avant d'être affectés à des remplacements. Ils avaient dix-sept ans et ont appris comme leurs aînés à mettre des bateaux en bouteille avant d'aller tourner une bonne partie de leur vie dans les tours de la pointe Finistère. Ils ont connu la lampe à pétrole, les flammèches et les sacs d'amiante avant que n'arrivent l'électricité et les lampes à LED. Ils défendaient la lumière contre l'obscurité et la furie de la météo. Ils étaient au milieu de l'eau et étaient des milliers. Ce sont eux qui éclairaient les côtes et guidaient les navires du monde entier. À se demander si ce ne sont pas eux les vrais philosophes des lumières. Ils sont les dépositaires d'une mémoire et d'un savoir-faire qui s'effacent. Ils ont en charge pour quelque temps encore le fonctionnement et la surveillance de ces lieux, mais ne se considèrent déjà plus gardiens de phare. Tous te diront que le vrai métier, c'était d'être planté dans un phare en mer. Alors, sans phare en mer, plus de gardien. Le dernier, qui est descendu en 2012, était en poste sur le phare de Cordouan. Les plus résignés se comparent à des concierges, agent de la propreté et de l'entretien d'un patrimoine classé aux Monuments historiques, aujourd'hui à l'abandon. Finalement, à les écouter, on se dit que des gardiens de phare, il ne reste plus que les rêves que l'on s'en fait. Leurs forteresses de pierre tiennent par miracle, quand elles n'ont pas été emportées par la dernière tempête, comme en mer d'Irlande ou en Écosse.

Ouessant était un véritable vivier et tous ont eu un frère, un cousin, un fils qui ont passé leur jeunesse dans ces tours de pierre pour que vive la lumière sur les mers. Avant eux, leur père et leur grand-père avaient été gardiens en mer ou même maîtres de phare au temps où ces derniers étaient aussi importants que le maire, le curé, le médecin ou encore le patron du canot de sauvetage. Dans les années quatre-vingt, 103 Ouessantins étaient employés au service des Phares et Balises sur 300 électromécaniciens en métropole, outre-mer compris. Marins dans l'âme, une fois à la retraite, ils sont plus enclins à marcher sur les grèves et à partir en mer qu'à monter sur un tracteur pour entretenir un jardin. Ils racontent comment l'entrepreneur brestois qui a réalisé le Créac'h avait obtenu une autorisation de travail le dimanche pour ériger le bâtiment en trois ans grâce à l'arrivée de plusieurs centaines d'ouvriers maçons qui épouseront des Ouessantines. Ils n'ont pas oublié qu'après la Première Guerre mondiale les éclopés et les amputés d'un bras étaient envoyés dans les phares, comme s'il n'y avait rien d'autre à y faire que de regarder le large. Ils devaient obéir à des obligations implacables et étaient un temps recrutés pour leur rigueur parmi les anciens de la Navale. J'apprendrai que la Fée Électricité est arrivée en 1953 sur l'île et qu'elle était produite jusque dans les années soixante-dix par le phare. Certains Ouessantins se rappellent même qu'un jour de survoltage tout a sauté. Rideau !

✦

On remonte et on s'arrête. Le vent siffle dans les interstices. Là se trouve l'ancien système de détection de brume. Un faisceau lumineux déclenchait la sirène commandée depuis le phare. Même un feu de broussaille pouvait l'actionner. Mais, depuis quelques mois, on te dira que l'île est devenue blanche, prise d'une extinction de voix. La corne de brume s'est tue un soir d'octobre 2015, à la suite d'un décret perçu comme une atteinte à l'identité profonde de l'île. Même Olivier Messiaen qui viendra faire des captations sonores sur Ouessant, et en particulier depuis le chemin de ronde du Créac'h, parle d'un chant qu'il a retranscrit et intégré dans ses compositions.

✦

Ce phare est une montée vers le rêve
un shoot de pointe maritime
Et dans cette ascension
je fais tournoyer mon imagination
pour mieux l'essorer
Spirale verticale à rebours de nos pensées lisibles
je ressens ce sentiment d'éternel retour.

Plusieurs fois, je reprendrai ce chemin enrubanné pour ressentir encore et encore ce parfum embryonnaire qui émane de la fusion des gamètes. C'est comme voir les visages de nos parents avant notre propre naissance. Quel drôle de sentiment que cette exploration de notre ligne de vie quand ces escaliers sont à présent une guirlande hélicoïdale d'ADN, ponctuée des marqueurs que sont les petites fenêtres rectangulaires qui s'ouvrent en meurtrières sur la lande et la mer. En haut du phare, des taches de salpêtre sont une indication du sel de mer contenu dans le sable qui servit à la maçonnerie. Que j'aime respirer cette odeur ambrée d'avant ma naissance !

✦

On accède à un premier palier tout en rondeur. Cette minuscule salle de bal aux boiseries d'origine en chêne massif est une bonbonnière qui rappelle les lits-clos où dormaient les gardiens, calés à l'écoute de la mer et de ses coups de boutoir. Sur le sol est dessinée dans le carrelage une autre rose des vents à huit flèches. Puis, par un petit escalier métallique de couleur vert primaire, on touche au Graal : la lanterne. Y entrer c'est comme pénétrer dans l'antre d'un savant illusionniste, équipé de lunettes de soudeur ou d'un alchimiste passeur de merveilles. On ne sait pas à quels phénomènes s'attendre. Dans les coulisses de ce petit théâtre à deux étages, sur des plates-formes percées, reposent quatre optiques composées de lentilles de verre, gigantesques écailles biseautées qui me font penser aux orbites de tikis maoris. Elles nous regardent comme de grands sages endormis. Au Créac'h, les lentilles font encore l'objet de toutes les attentions. Entretenues, caressées, elles sont soignées pour que la lumière soit claire et porte loin. Le gardien que j'accompagne me regarde d'un air malicieux avant de se livrer à son tour de magie préféré : d'un doigt, il fait entrer en rotation le bloc de transparence qui ne pèse pas moins de 18 tonnes ! Les optiques flottent légères, quasi sans frottement, car l'ensemble du système à deux étages repose sur un bain de 88 litres de mercure, très volatil avec, au-delà de 19 °C, un risque d'évaporation. Aujourd'hui, quatre ampoules LED de 2 000 watts donnent huit faisceaux visibles jusqu'au rail positionné au large des côtes d'Angleterre. Chaque phare possède son propre rythme. Sa portée de feu et sa vitesse de rotation sont sa propre signature, comme une empreinte au fer-blanc sur l'océan, une marque indélébile dans l'esprit des marins. Pour le Créac'h, ce sont deux éclats toutes les vingt secondes, comme deux battements de cœur qui frappent et que l'on attend.

D'emblée, l'intensité lumineuse produite par des arcs de charbon placés dans la lanterne était telle, dit-on, que les Anglais, de l'autre côté de la Manche, voyaient le reflet des faisceaux dans les nuages ! C'est dire la puissance de rayonnement : le jour en pleine nuit. Autant dire qu'on pouvait lire le journal à toute heure.

✦

La lanterne du phare, véritable cloche de verre, ressemble à une chapelle de cristal, elle est un lieu sacré, propice à la méditation. Petite sœur jumelle et voisine de la chambre de veille du sémaphore, elle est cette alcôve du secret. Ouverte sur l'univers, elle offre un accès direct aux coulisses de la mécanique céleste et à ses harmonies mystérieuses. On rêve de remonter dans le train et d'assister à la naissance du monde alors que, déjà, dans le passage des nuages, on croit voir la formation des montagnes. Dans cette dimension du ravissement, la lanterne devient alors la lampe d'Aladin. Mais une tentative d'assassinat de la lumière se lit dans les impacts de balle sur sa cloche d'origine. Ils datent de la Seconde Guerre mondiale et du mitraillage par les soldats allemands qui occupaient l'île. Des petits crochets témoignent d'un temps d'avant l'électrification, quand les gardiens allumaient le phare *de visu* et au jugé. Avant l'automatisation, ils montaient systématiquement deux fois par jour : le matin éteindre et protéger l'optique et le soir retirer les rideaux. Il s'agissait de quarts de huit heures où ils lançaient la rotation à la main. Il s'agissait d'un temps d'avant les capteurs où ils chantonnaient un petit air qu'aurait aimé Rachilde.

Chaque matin, chaque soir certains montent dans la lanterne

Chaque soir, chaque matin certains redescendent de la lanterne…

✦

Par une petite porte en bois, on accède au chemin de ronde crénelé de dents de granite qui donnent au phare une allure de château médiéval. On approche la coupole et son ossature d'Arlequin, coiffée de losanges vert-de-gris. Au-dessus, l'antenne gonio se déploie en structure tubulaire et en éventail rouge qui me rappelle la queue des craves que j'observe le matin depuis mon promontoire. La radiogoniométrie sert par ondes électromagnétiques et, dans un jeu de trigonométrie, à la navigation et au positionnement des navires sur le rail d'Ouessant. Ces informations récupérées sont transférées à la tour-radar qui se trouve plein est avant d'être retransmises, codées, au Cross Corsen qui est l'un des centres qui relient la communauté des gens de mer. Cette antenne sert aussi de perchoir aux oiseaux en migration. Les gardiens te diront et te raconteront combien ils vivent avec la compagnie des oiseaux. Dans les faisceaux, le spectacle est féerique. Leurs plumages sont des diamants et des rubis brillant de mille éclats. Toute une bijouterie qui tournoie en plein ciel.

Les plus anciens gardiens te parleront de ceux qu'ils ont mangés.

Cet après-midi, une grive
a stoppé net son vol dans la lanterne
petit cadavre tombé sur le sol

✧

Du haut du phare, je ressens une autre ivresse à regarder la lande et ses parcelles cousues par les chemins qui la parcourent. Les maisons semblent si petites sous le ciel immense où voyagent de gigantesques caravanes de nuages, écharpes de vapeur grise. Mon regard s'égare jusqu'au Stiff, l'ancienne tour à feu costaude, érigée sous Vauban à l'autre bout de l'île, également Monument historique depuis 2011. On est soudain saisi d'un certain détachement, comme appelé vers un arrière-monde et, dans ce déplacement des orbes, un dialogue s'opère.

✧

Je suis redescendue au pied du phare avec, sous le bras, l'almanach du marin breton offert par Thierry, le gardien. Puis j'ai assisté, allongée dans la lande, à la mise en route de la lanterne. Les lampes nécessitent à l'allumage un pic de tension car elles n'ont pas les ampoules à incandescence qui fonctionnent instantanément. Avant que le phare ne soit opérationnel, une dizaine de minutes de préchauffage est nécessaire. Il faut une minute et trente secondes de rotation de l'optique pour que les lampes s'allument en cascade d'éclairage. Arrivés à pleine puissance, les rayons peuvent danser toute la nuit, fouiller l'horizon de leur haleine couleur de verre, un vert d'eau et de spleen qui emporte les plus poètes d'entre nous. Doit-on tout savoir et percer le mystère des choses au risque de laisser échapper la magie ? J'apprends que le phare est semi-automatique et qu'il est équipé d'une cellule qui détecte l'obscurité et la luminosité, comme un simple réverbère public. Ça fiche un coup ! En soirée, je suis allée marcher en contrebas, dans un mélange de crainte et d'excitation. Vers 4 heures du matin, un groupe de bruants est passé comme un arc-en-ciel en pleine nuit.

XVI

Vivre à Ouessant, c'est apprendre le langage des phares, connu les îliens et des navigateurs, c'est-à-dire toute une grammaire de lumières liées à leurs positionnements sur terre ou en pleine mer, à l'entrée des chenaux et des ports, ainsi qu'à la puissance des feux en fonction de la distance focale des optiques et du nombre de kilowatts. C'est toute une écriture visuelle où le bain de mercure augmente la vitesse de rotation pour produire des éclats clignotants ou scintillants.

✦

La nuit, le sémaphore, par son ombre projetée,
prend une dimension fantasmagorique
Les rochers et la pelouse sont irradiés d'un effet
meringué, les bâtonnets sont au garde-à-vous
Au fond de mon œil tombe une pluie de neige et
aboie le chien andalou
Tout le paysage est plongé dans le bain de révélateur d'une chambre noire

✦

Dans cette recherche à tâtons, je m'adosse à la rambarde de la chambre de veille pour me protéger du vent, côté nord. Le sémaphore est un balcon sur la nuit profonde. Il faut oser la regarder qui pousse de la mer. On y voit remonter tous les souvenirs de plein jour et toutes les couleurs de nos pensées. Dans le vertige des sens, cet espace ne me suffit plus et des bras de feux guident mes désirs. Ils m'appellent et je suis une réponse qui descend les escaliers. Je reste un temps sur la pelouse marine touchée par les escarbilles de verroterie qui sautent et voyagent comme autant de poussières d'étoiles. Sous ce large parapluie de feu, je respire la fraîcheur de la Voie lactée et écris sur une feuille de papier blanc, éclairée par la rotation des faisceaux jumeaux : deux éclats lèchent les toits des maisons, touchent en plein cœur leurs pignons, éclairent les âmes et les visages, courent sur la lande et la côte rocheuse. Indifférents aux paquets de mer et aux colonnes d'écume, ils marchent sur la mer et s'en vont sur l'horizon jusqu'aux ténèbres, puis reviennent pour de nouveau entrer en conversation de nuit et tutoyer les autres phares. Ils rejoignent la danse et repartent, tournent en rond et encore, sans fin. Ce sont des faisceaux muets presque irréels qui lisent l'horizon du bout de leurs doigts lumineux sur l'alphabet braille de l'univers. Que comprenons-nous du monde ? Tout semble nous échapper. Comme neuf, mon regard se laisse guider par cette main blanche qui illumine sa face cachée. Là montent des forces souterraines contenues dans les ombres qui s'écrasent sur le sol et prennent racine dans la source du *stankou* qui coule en veines d'eau douce dans le marécage de nos tensions. Dans le silence des herbes, tout prend un autre relief. Y circulent toutes les vibrations d'un langage contenu dans la chaleur des murets et des pierres de l'île. Sonnent les échos des voix de ceux qui nous ont précédés. Fragments d'énigmes qui apparaîtront et viendront un jour nous visiter et nous décrypter. C'est ainsi qu'un soir d'automne à Ouessant, au pied du Créac'h, je suis devenue noctambule.

✧

À mesure que je tourne dans la lande, à rebours des faisceaux

un dialogue de silence s'engage avec le grand papillon blanc

Métronome de nos vies, il devient dans ses pleins et ses vides

la sculpture musicale de l'air

Dans l'intervalle de ses occultations, la lumière crue révèle sa densité

Là se dessinent en courbes et en déliés les lignes de nos trajectoires

Nous ne sommes plus que des hommes et des femmes en marche

ceux imaginés si patiemment par l'immense Giacometti

✧

Les clignements des yeux du phare nous relient au cosmos et même si nous ne sommes que des éphémères, la puissance de l'île est de nous relier à la temporalité de l'étoile et à ses milliards de siècles car ici, sous la fleur de lumière blanche, la vie nous offre un répit. Le silence impose son éternité à l'île. Un soir d'été, il m'est arrivé de vivre sous le phare le ravissement de ce vide infini au point d'en devenir effrayant. Je me revois marcher au fond de ce bol de verdure, sorte de timbale d'étain, où tout mon corps était propulsé et aimanté de bonheur vers la clarté tournoyante, celle qui frappe en plein cœur les visages de ceux qui s'aiment.

✦

Cette nuit-là, j'ai écrit ton nom au revers des faisceaux.

✦

Au nord du sémaphore, installée dans les rochers je regarde les ailes de moulin qui se déploient en voûte arachnéenne. Sous nos paupières alourdies, les contours de l'île réapparaissent avec les premières lueurs du ciel. Nous nous réveillons foudroyés d'un rayon qui illumine ceux que nous aimons. Et nous courons leur demander, combien de nuits, combien de jours nous reste-t-il ?

En cette matinée, la nature se joue d'imitation, les nuages rendent leur dette à la nuit. Comme dans l'écriture ou la création, les mots puisent leurs racines d'inspiration dans un vaste chapeau. Il y a les livres qui inspirent, ceux qui divertissent. J'aime ceux qui interpellent, nous sauvent et nous font gagner en liberté.

✦

Tu m'avais dit, va et lève la tête
Tu m'avais dit, va et tu verras

comme les girouettes sur les cheminées tournoient et suroient

Dans un face-à-face comme les visages
en bois peint et en demi-lune
en couleur et en étoile
chaque maison a la sienne
Toutes t'indiqueront le sens du vent
qui donne vie et emporte les mauvais jours
Va et sois curieuse comme Léonard de Vinci

Va et tu verras les routes du ciel qu'empruntent les grands voyageurs venus de loin. Ils s'appellent sternes arctiques, pipit de Godlewski, pies-grièches brunes, bécasses ou pétrels fulmars. Par grappes, ils prennent les courants favorables, descendent du pôle, et s'en vont de nuit, d'un battement d'ailes pour l'Afrique. Parfois, leurs routes migratoires sont déviées par les vents, ce qui les oblige à faire escale sur l'île pour se reposer

Écoute dans le soir le doux froissement de leurs plumes

Comme ces oiseaux, je pourrais habiter n'importe quel endroit du monde pourvu qu'il nourrisse mes songes

Les plus incertains sont captés et éblouis par les éclats des phares. Épuisés quand leurs plumages sont alourdis par la pluie, ils tournent et se détournent avant de se fracasser contre les lanternes.

oiseaux-marteaux
oiseaux-cailloux
et tout ce sang contre les vitres

Combien de migrateurs les ailes brisées par les tempêtes ?

Tu m'avais dit, va et lève la tête vers eux

et tu verras que même les oiseaux de Prévert te salueront de leur passage, ceux qui par milliers s'éparpillent exotiques au milieu de l'océan.

XVII

Je te le dis : les phares, c'est tout un monde et on n'a pas fini d'en faire le tour. Le jour où tu monteras au Créac'h, tu rêveras d'y retourner. C'est comme cela que j'ai visité de jour comme de nuit la plus haute tour. La deuxième fois eut lieu par un bel après-midi ensoleillé. J'ai accompagné le gardien qui allait dans la lanterne pour changer une lampe. Amorçeur d'alarme sonore dans une main et pince ampermétrique dans l'autre. J'ai trouvé presque incongru d'investir un tel lieu pour changer une banale ampoule. Mais cela est vital car, si un filament grille, cela modifie les caractéristiques d'un phare et donc peut tromper les navigateurs.

✦

Au-delà du rêve d'une vie de gardien de phare, on découvre une existence prosaïque, presque monacale et qui s'écoule, horlogère. C'est la constance et la répétition de leurs gestes qui les aide à tenir, plantés là, dans l'humidité et le sel de la mer qui ronge. Comme celles des marins, leurs journées sont réglées par un métronome et, quand ils ne sont pas à bord du phare, ils sont à terre. Tous les gardiens te diront que, dans l'ennui de cette vie routinière, la relève sur un phare en mer est un moment extrêmement délicat, teinté d'appréhension. La manœuvre doit être rapide. C'est le coup de feu en cuisine. Assis sur un ballon en kapok, le gardien, dans un système de treuil et de va-et-vient, pomme de touline et croc de cartahu, est un funambule. Passera, passera pas. L'homme qui monte, avec le pain frais et le courrier, est dérivé par celui resté en haut qui est, lui, dans la joie du retour à terre. Dans ce ballet à haut risque, la vie se joue dans une attention particulière à la mer où le commandant de la vedette est tout sauf un amateur : il est ce styliste qui danse sur les flots et prend le pouls de la houle. Rien ne lui échappe de la vague sournoise qui déferle et de la mer tout entière prête à bondir. D'instinct, il met sa vedette dans le sillage du phare car la manivelle ne doit pas riper avec le risque de précipiter le collègue au bouillon. Il dépose alors le gardien qui descend sur le pont du navire aussi délicatement qu'un enfant dans son couffin. Tous se souviennent avec émotion de ce samedi tragique où la *Ouessantine*, le navire ravitailleur des Phares et Balises, a chaviré avec tous les gars à bord. C'était au Four et le téléphone dans les phares n'existait pas encore. Tous te diront que, ce jour-là, le naufrage a été annoncé sur les grandes ondes de Radio Conquet. « Ici Radio Conquet, Radio Conquet. » Un mort à double détonation car le gardien tombé avait mis le blouson de l'autre. Tous te raconteront ce malheur dans l'échange de nom et de blouson.

✦

Ces gardiens de phare cultivent le secret et la discrétion. Hommes de l'ombre, ils surveillaient la lumière comme le lait sur le feu. Ils ont, comme beaucoup d'ouvriers de la mer, donné leur vie sans reconnaissance. Pire, dans le mépris de l'Administration. Beaucoup ont respiré l'amiante très volatile qu'ils montaient par sacs entiers. Beaucoup ont été contaminés par les vapeurs de mercure. Tous te diront que, lors des gros coups de tabac, le vif-argent débordait à pleine gueule. Il fallait bien ramasser à la pelle et parfois à la main toutes ces billes dispersées qui perlaient sur le sol. Il leur est arrivé de se mettre en grève pour revendiquer de meilleures conditions de vie à bord de leur citadelle de mer. Ils devenaient alors réalisateurs d'un son et lumière bien orchestré : le phare tournait nuit et jour avec, en prime, la corne de brume non-stop !

✦

Ils les ont aimés leurs phares et ils en ont pris soin
Ils les ont bichonnés et astiqués
Ils s'y sont déplacés à pas feutrés et patins aux pieds, en particulier sur la marqueterie de la salle d'honneur de Kéréon, le palace des mers, avec ses parquets en chêne de Hongrie. Certains te raconteront même qu'ils jouaient au ping-pong en chaussettes !
Et tous te diront
le coup de balai de haut en bas, une fois par semaine
les optiques et les cuivres, une fois par an
à coups de brillant belge et d'étamine
à briquer les plateaux des lentilles
dans l'obsession du feu clair

Mais aujourd'hui, pour qui, pourquoi entretenir les petits cuivres, ternis par les vapeurs de pétrole,

à l'heure où les derniers guetteurs sont déjà descendus ? Et que dire des phares en mer qui ne sont plus gardiennés ? Les techniciens qui vont les dépanner n'ont pas le temps de nettoyer les optiques. Ils sont les premiers malheureux à l'idée que plus personne ne prendra la relève, conscients qu'il est impossible de renverser la vapeur. Ce trou dans la lanterne est un trou dans le cœur, un cyclope assassiné.

✦

Au phare, leur vie était rythmée par la pêche sur le plateau. Il fallait une grosse furie pour ne pas mettre la canne et la ligne flottante à l'eau. À toute heure, ils faisaient provision de congres et de bars, sans oublier les homards. La cuisine les occupait car ces hommes aux becs fins aimaient se concocter de bons petits plats qu'ils partageaient dans un duo bien balancé. Tous te diront que le phare est une île puissance dix avec deux individus qui ne se sont pas choisis. Sans échappatoire possible, la vie peut vite tourner à l'enfer. Les gardiens de phare s'appelaient eux-mêmes les bagnards de la mer, surtout à l'époque où ils restaient un mois dans l'orgie des tempêtes. Il fallait être fou ou poète pour tenir face à l'immensité du vide et de la mer. C'était une existence difficilement conciliable avec une vie de famille. Les téléphones sont arrivés dans les phares en mer dans les années quatre-vingt et, auparavant, les couples se parlaient par talkie-walkie en se donnant rendez-vous à des heures précises. Certains, dès leur arrivée, ont aussitôt tourné les talons. D'autres ont mis plus de temps avant de se pendre à la lanterne ou de se jeter à la mer, tel Empédocle qui se laissa glisser dans les fournaises de l'Etna en abandonnant sur le rebord l'une de ses chaussures, comme preuve de sa mort. Il faut les écouter raconter leurs histoires à dormir debout, comme ceux de l'île de Sein qui se balançaient à l'eau quand ils entendaient, par grande marée, une voix hurler « gas kit », « va-t'en, va-t'en » ! Plus tard, ils ont su que c'était la houle qui s'engouffrait dans une grotte sous-marine. Certains soirs, ces hommes racontent la mélancolie née du vent cinglant et de rafales plus sévères, celles qui amènent les tourments. La mer tout autour devient cette complainte noire qui fait se dissoudre les repères et monter l'angoisse. Pour chasser la folie qui guette, les hommes se pelotonnaient dans leur lit clos et s'endormaient en attendant le retour du soleil.

✦

Être gardien de phare, c'est bien plus qu'un métier, il s'agit d'une mission dont on se sent totalement investi. Entretenir le feu, c'est l'incarnation de la simplicité dans un geste primordial de survie. Comment se fait-il que des hommes soient capables de supporter l'enfermement volontaire, au milieu d'une mer démontée ? De quelle folie s'agit-il ? D'un courage plus fort que la mort. C'est la flamme entière de l'humanité qui brûle de son passage dans la haute colonne de pierre. Ils ont une grandeur d'âme lavée par tant de paquets de mer. Ces hommes habitent un ciel poudré et dans la recherche permanente d'un idéal : défendre la lumière contre l'obscurité, ce n'est pas rien.

On en arrive à penser que la vie des autres a plus de valeur que la sienne. Comme les fous sur un échiquier, ils sont en avant-poste, debout dans la renverse du courant, et se tiennent éveillés pour éclairer le monde tout en préservant les marins du monde entier.

✦

Le phare en mer est l'île extrême, le refuge qui les accueille dans leur fuite. Là, dans cette immersion océane, ils sont venus se cacher et se révéler à eux-mêmes car, tous le disent, la mer au fil des relèves et des grosses tempêtes dépouille et soigne de tout, de toutes les blessures. Dans ce corps à corps avec les éléments une osmose finit par les imprégner et, dans ce mélange des fluides et des énergies, elle les ramène à plus de paix intérieure. Anachorètes posés en haut de leur forteresse, dans cette solitude intense, ils se sont libérés, ont abattu les murs de transparence qu'ils s'étaient bâtis par peur du monde et des autres. Michel Butor disait « qu'écrire, c'est détruire les barrières ». J'ai rencontré des gardiens de phare qui, comme Jean-Pierre Abraham, le plus poète d'entre eux, se sont trouvés en mer, c'est-à-dire qu'ils se sont ouverts à ce qu'ils étaient profondément. Je comprends qu'une immersion dans des lieux aussi puissants que la Jument ou Ar Men fasse advenir ce qu'il y a de plus sincère en soi. La surface de l'océan devient le miroir de leur âme. S'ils n'écrivent pas, ils lisent, s'ils ne lisent pas, ils rêvent et créent plus intensément. La liberté s'exprime aussi dans la fabuleuse humanité et dans l'amitié avec l'autre gardien qui devient ce frère avec lequel on partage joies et frayeurs. Comment ne pas penser qu'une telle existence les a fait grandir, leur permettant de se réconcilier avec le monde ? Là, la tête dans le passage des nuages, ils ont réalisé, mieux que quiconque, qu'ils faisaient partie du grand tout. Vivre et respirer en mer offre une renaissance au monde, la même que celle que je ressens au sémaphore.

✧

On imagine ces hommes à la verticale des océans, dans la chanson du vent et le tournoiement des lumières. Ils font les cent pas le long de la colonne d'air, comme d'autres font leurs gammes. Ils rejoignent la dimension animale de la mer qu'ils regardent, toisent, respirent et écoutent comme en attente de Kanagawa, la vague d'Hokusai. J'ai découvert, en écoutant ces hommes, que la fascination de la vague, de la grande et de l'unique, existe. Dans un phare en mer, ils finissent même obsédés par cette lame qu'ils guettent dès sa naissance : petite crête qui se lève dans un train de vagues. Elle fait une spirale comme si elle voulait se faire remarquer, se frotte à une autre, croise et décroise, se soulève pour devenir celle qui se distingue et se dirige droit vers eux. Belle et sauvage, que va-t-elle faire ? Elle trouve une autre énergie, elle est encore debout quand elle arrive pleine balle jusqu'au phare. Les gardiens la comparent à une œuvre d'art formidable et éphémère, mieux, à une force dont ils sont parfois convaincus qu'elle leur en veut. Il faut les écouter pour comprendre qu'eux seuls savent ce que veut dire voir la vie en vert au fond de la mer.

✧

On comprend qu'il y a un supplément d'âme à cette tranquillité dans les coulisses des météores. Les gardiens tirent une juste satisfaction d'être en pleine conscience au bon endroit. C'est rare et, au bout du compte, cela n'a pas de prix. On les pense volontiers rêveurs d'absolu et drogués à la salive de la mer. Certains te confirmeront qu'ils ont choisi plus qu'un métier : un mode de vie, car ils ont préféré la furie de l'eau à la folie des hommes. Ils te diront que tout ce qui se dit reste au phare dans le secret des vagues et du vent. J'ai compris que ma fascination pour ce métier tenait à ce choix d'une vie différente, hors du monde et du temps. Le gardien est plus que jamais cet extraterrestre en retrait de l'agitation croissante, mieux : il est une projection de l'envie de nous écarter et de faire ce pas de côté. De ralentir le temps. Qui ne rêve pas de cette parenthèse ? C'est ce qui a fait naître chez moi le désir de m'installer une saison au sémaphore. Quel autre endroit peut offrir meilleur cadre pour une descente en soi-même, un voyage intérieur loin duquel on passe dans nos vies contraintes ? Dans cette abnégation, la récompense est de s'extraire de la course du temps et d'épouser l'écoulement infini des nuits et des journées. Ces gardiens deviennent des hommes-sabliers, des gardiens du temps, plantés en plein océan. Ce sont eux qui perçoivent le mieux son passage. De leurs yeux et de leurs corps tout entiers, ils sont les premiers à recevoir les ondes gravitationnelles du big bang des origines.

✦

Cette attirance remonte à ma plus tendre enfance quand nous allions à la mer et sur les îles. Là, au pied du phare du Créac'h, je revois celui de Bougainville à Tahiti, entouré des eaux turquoise du lagon, des fleurs d'hibiscus et du parfum vanillé du tiaré ; celui de la Terre de Feu au goût de cendre volcanique ; celui des Poulains à Belle-Île qui aura toujours le parfum de l'amour ; celui du cap Reinga et les racines du grand arbre qui nous relient à nos ancêtres ; le phare du cap Fréhel qui ferme la baie et protège mes êtres chers. Les phares bretons ont une place de choix dans mon cœur. Ils se dressent comme des boîtes à musique jouant la symphonie des sphères. C'est ainsi que j'ai posé un temps ma tête à la convergence de leurs feux et ai écouté chacun dans sa différence. J'en suis venue à aimer avec passion leurs percussions dissonantes de cristal de verre et leurs silhouettes de tuyaux d'orgue, leurs timbres plus rapides ou plus aigus, plus haletants ou plus sourds. À force de vouloir tout savoir de leurs particularités et de leurs proportions, de l'enfer ou du paradis, j'ai appris à reconnaître ces tours octogonales ou cylindriques et leurs soubassements de pierres apparentes. J'ai appris les types de rotation et la portée nautique de leurs feux.

✦

À l'autre bout de l'île, la tour-radar avec à son pied le Stiff et ses clignements rouges m'attirent, j'attends de traverser l'île dans la nuit.

XVIII

Je sens venir des jours plus sombres et la bascule dans l'obscurité des *mizdu*, c'est-à-dire des mois noirs d'automne, et avec eux l'arrivée des premières tempêtes. Le baromètre dégringole et les contours de l'île imposent leur puissance dans une tonalité plus dramatique. Je ne quitte plus mon gros pull en laine. Les nuages naissent au cœur de l'océan, puis se serrent pour ne plus former qu'un train charbonneux qui traverse le paysage à toute vapeur. Et je me demande comme Debussy « ce qu'a vu le vent d'ouest ». L'île tient tête face à la mer. Au sémaphore, les jours de grands vents, je vis au cœur de la tourmente. Les craves aux becs serrés passent et repassent devant mes fenêtres. Ils se jettent dans les courants ascendants et manquent de près la rambarde du sémaphore. Je prends un plaisir énorme à me pencher par la coursive extérieure et à regarder le dos de ces oiseaux, si libres et si sauvages, petits samouraïs des airs. Le présent est un éclat de diamant qui nous laisse la nostalgie d'un instant fugace de bonheur. À mesure que nous nous enfonçons dans l'année, la météo forcit et la pluie qui s'abat m'oblige de plus en plus souvent à descendre en cuisine vers le ronron du frigo.

✦

Le coup de chien annoncé est arrivé ce soir avec un vent de noroît qui apporte du froid et des cieux très clairs. Je cherche Nividic et le point rouge de la Jument. Ils sont mes repères dans la nuit et je redoute de ne plus les voir s'ils étaient emportés un jour par un paquet de mer trop fort. Ici, il n'y a pas à sourciller, je vis dans le haut lieu des tempêtes. Leur violence existe depuis la nuit des temps. Et sur cette île embarquée en plein océan, j'apprends que les hommes les répertoriaient sur leur journal de bord : une ligne pour le vent, une ligne pour l'état de la mer. Il faut le vivre pour comprendre le stress épuisant de ces passages quotidiens. Le jour où l'anémomètre se bloque à son maximum, soit 100 nœuds, 190 kilomètres à l'heure, on ne l'oublie pas ! L'intuition que cette nature nous remet à notre place, nous qui aimons nous croire supérieurs à tout. Et pourtant ces coups de tabac ne sont jamais ceux vécus par les gardiens de phare en mer. Il faut les écouter raconter les tempêtes dantesques qui cognent à en perdre la boule. Tous te diront que les phares bougent sous l'assaut des vagues et les tonnes d'eau qui s'affalent sur la tour. Ça tangue et c'est normal car si elle était totalement rigide elle casserait. Alors il faut s'habituer et accompagner les mouvements, surtout quand le meuble de la télévision se déplace et les casseroles sur le feu tombent après le passage d'une lame plus forte qu'une autre. À la Jument tout tremble et s'entrechoque. Les verres de la cuisine comme la cuve à pétrole. Tout tinte, clung, clung, malgré les milliers de litres qu'elle contenait. Le vent peut bien hurler et la mer se déchaîner, la frayeur se mêle à l'émerveillement. Comme les boxeurs le soir des grands combats, les gardiens de phare en mer ne peuvent douter : ils se disent que l'édifice a fait ses preuves et qu'il va bien tenir encore un peu. Tous te parleront de la tempête de 1989 quand le haut de la tour avait un balancement de près d'un mètre. À la Jument, les carreaux de la lanterne ont explosé et, à Kéréon, le treuil de relève fut plié en trois, écrasé comme une boîte de conserve. Quant à la porte, elle s'ouvrait à l'envers. Dans la cuisine, tout avait bougé, même les lourds caissons en chêne. La mer dans sa violence avait fini par entrer dans la forteresse. Les fenêtres n'ont pas cédé quand la déferlante s'est écrasée contre le phare, c'est seulement quand elle a reflué qu'elle a tout siphonné, vidant les lieux de ses meubles. Les deux gardiens sont montés à toutes jambes se réfugier à l'étage. Même le hublot en bronze a été arraché. À chaque impact, un boulon partait comme une balle de fusil et l'anneau en laiton a fini par se décoller. Là, oui, ils ont eu peur ! Alors que par jeu et forfanterie il leur arrivait de faire des concours, à celui qui resterait le plus longtemps devant le hublot quand la vague accélérait ! À Kéréon, ils racontent comment, les jours de furie, des murs d'eau monstrueux les engloutissaient et transformaient le phare en un bathyscaphe en plongée. Dans la cuisine, tout devenait vert de la couleur des paquets de mer qui s'écrasaient et pinçaient les oreilles. Eux seuls ont vécu cette immersion totale et ont entendu le silence, le vrai, profond et absolu qui s'installe pendant une seconde ou une seconde et demie, comme un arrêt sur son. Il est impossible d'oublier ce fragment de mémoire électrisé de terreur. Sûr qu'ils ont eu la certitude, un jour, de disparaître, prisonniers, d'un phare tombé en mer. Ces hommes savent mieux que personne la puissance de la nature. Moins ces tours seront visitées et entretenues, plus elles risqueront d'être emportées par les grandes marées. Autant dire qu'ils ont encore, bien des années après être redescendus, une reconnaissance infinie pour ces bâtisseurs qui, un jour, ont façonné la résistance de ces tours.

✧

Le ciel joue à chaque instant les transformistes
Il s'écaille en flocons de lait et en pelotes de laine
Et les nuages passent en accéléré de la vie, poussés du coude par un vent qui ce matin met la gomme
Le ciel serait-il un ultime écran de montage vidéo où les images derushées défilent en mode rapide ?
Quelle drôle d'apparition que ce rayon solaire parti en noce et qui imite le phare
Il perce le ciel pour atteindre la mer
Le temps de l'observer, je m'en amuse et aussitôt il s'éteint dans un nuage

✧

Évidemment deux moments me font regretter que tu ne sois pas là
Lorsque je me mets à table
Lorsque je me mets au lit

Les lendemains de tempête surprennent toujours par leur grand calme. Ce matin, j'ai nettoyé les vitres pelliculées de cristaux de sel. Il faut de l'huile de coude, comme aurait dit ma grand-mère. Tout est immobile et en devient énigmatique. Les nuages prennent des postures d'ange, figés dans des couleurs à la de Staël. La mer assagie frissonne en faisant, comme les bateaux de papier, de petits cercles de contentement sur elle-même. L'air paraît vide. Le vent s'est volatilisé et s'est mué en vapeurs dorées. Le ciel n'est plus qu'une immense main d'espoir lavée de toute confusion. Les sons répondent aux nuances colorées. Les corbeaux dans un cri de décharge électronique reviennent explorer la pelouse détrempée et lustrée. L'île est cette grosse éponge gorgée d'eau et le marais du *stang* paraît s'affaisser. Je ressors et mets le cap sur l'île Keller, petite sœur d'Ouessant qui, dit-on, aurait été gagnée aux dés. Allons !

Avec le recul, le soubassement de la pointe du Créac'h m'apparaît comme une sorte de cité d'après la Grande Catastrophe, celle que peu de monde ose envisager : l'explosion nucléaire qui nous fera partir sur les routes et devenir de nouveaux réfugiés. La mer dans un grand tourbillon se précipite en rouleaux émeraude à la crête blanchâtre et effilée. Elle se jette contre la falaise.

Au loin se détache une énorme tortue de granite

à mesure de mon approche se distinguent deux visages aux profils aztèques

Joue contre joue, ce sont les amants de Brancusi

Alentour des écailles de roche parsèment leur lit
Desséchées par le sel et le feu du vent, ce sont de petits poissons volants au repos
Je vois leurs nageoires décollées en contre-plongée sur le ciel et à rebours des nuages
Au milieu se cache une petite brèche ouverte comme un œil
Là se situe le passage des âmes défuntes qui tournent en feuilles de pierre
avant de déverrouiller le chemin vers l'au-delà

XIX

Ce matin, poussée par le vent, je vais au bourg : il est urgent de remplir le frigo ! Je m'arrête boire un café et lire le journal. Cette petite immersion est une mine pour mon récit. J'ai appris ce matin que je pouvais mettre « un cube dans ma soupe et un gigot entier pour la queue de la souris » ! J'ai surtout fini par comprendre qu'à Ouessant on vit dans l'éloge de l'ombre. On s'y complaît car cela rassure et protège. Cela permet surtout de vivre dans la tranquillité des commentaires, rendant possibles des amours plus libres. C'est une société qui a puisé sa force de la nuit. Comme je l'ai entendu, ici, c'est « *sex and alcohol no limit* ». Même rôtis, écroulés sous les tables, certains boivent encore. Le voyageur de passage sera toujours trop curieux. Dans la pénombre se lisent toutes les couleurs et même celle de l'anarchie, car il règne sur Ouessant une mentalité de pirate et de transgression où se joue constamment un bras de fer avec l'État et la loi. Plus que sur une frontière, on revendique d'être sur la marge. Réfractaire à toute institution, l'île se parcourt et se vit, sans ceinture de sécurité. La première fois que je suis montée dans une voiture, j'ai compris qu'il n'était pas obligatoire de la mettre. De toutes les façons, les côtes sont bien gardées puisque les gendarmes ne sont présents sur cette île du Ponant que l'été ! Les Ouessantins sont fiers et insoumis. « On va pas venir nous commander », rappellent certains, et tous se souviennent encore des mots du maire Malgorn qui, lors de la Première Guerre mondiale, au temps des *Filles de la pluie*, avait déclaré « Ouessant n'est pas une colonie ». Il persiste encore, enfoui dans les mémoires, le temps d'avant la civilisation et l'évangélisation. À y regarder de près, les rapports de l'île avec la religion semblent compliqués. On raconte que des prêtres ont été dépêchés contre leur gré sur l'île considérée comme celle du diable. Le succès fut tel que des processions leur étaient régulièrement demandées. D'une certaine façon, les Ouessantins sont les derniers héritiers de cette beauté sauvage qui aurait plu à Gauguin ! Dans le dérèglement des boussoles intérieures et le tournoiement des lanternes, tout et son contraire se vit là, à la pointe bretonne. Dans cette tension et cette résistance aux changements, ils restent tellement catholiques, s'abandonnant dans la foi à la grâce de Dieu.

✦

Certains jours on rêve d'une mémoire neuve, mais à Ouessant comme ailleurs on se réveille toujours avec son passé et tout finit par revenir sur le rivage, les oiseaux blessés comme les bouteilles à la mer. Les souvenirs sont là comme brassés par la houle, celle qui emporte les hommes et ramène les bois flottés sur les grèves. Il y a au détour de mes promenades sur l'île du concentré de conversations. L'histoire, toutes les histoires de l'île se lisent dans la convergence des regards. Comme sur le continent, les guerres, toutes les sales guerres, se racontent aussi sur l'île d'Ouessant. La première se lit sur cartes postales et sur le monument aux morts. Il suffit de marcher jusqu'au cimetière derrière l'église pour voir tous ces noms gravés et disparus au large et en outre-mer. « Passant découvre-toi en souvenir de ces héros. » Comme partout on aime se rappeler et se raconter la belle histoire, laissant sous le couvercle des épisodes moins glorieux. Il n'y a pas eu là de Résistance comme à Molène ou à Sein. Certes on a connu le malaise de la « drôle de guerre », une vie de caserne et d'attente, d'ennui difficile à imaginer dans l'un des plus beaux décors maritimes. On a entendu parler du conflit avant que ne débarquent les Allemands. Ce fut une vie d'occupation et de survie. De laine de mouton et de lampe pigeon. Tout le monde était fiché par la Kommandantur qui fit la peau à tous les chiens de l'île. Quelques jeunes hommes, marins et commandants de commerce, se sont engagés dans les rangs de la France libre, certains sont partis vers Sète. Par la suite, femmes et enfants les ont rejoints. On m'a raconté les bombes tombées sur l'île, les eaux alentour parsemées de mines magnétiques et sous-marines, l'atterrissage forcé d'un avion canadien et l'arrivée d'agents doubles qui sentaient bon le savon et étaient de grands amateurs de fraises ! Même le bateau-courrier fut attaqué et des navires ravitailleurs sautèrent. Puis les bombardiers survolèrent l'île avant de fondre sur Brest. Otages, explosions, soldats déserteurs : la guerre et ses exactions s'étendirent à Ouessant.

✧

Il n'y a pas d'autres choix que d'aimer cette île dans ses variations et son opacité. Ce qui est donné à voir, dans un premier temps, peut être aussitôt repris. Et je regarde Ouessant comme une île des non-dits, gravés au plus profond de l'inconscient collectif, une fabrique des mentalités et des mythes d'une société qui se reconnaît et s'apprécie malgré les divergences qui jalonnent l'histoire. Résider quelques mois ne consiste qu'à approcher de très loin mystères et secrets, sans jamais les percer. Parfois tu demanderas de quoi on parle, ce à quoi on te répondra « Tu sais bien ! ». Et toi, tu acquiesceras d'un battement de paupières alors qu'en fait « tu ne sais rien du tout ». C'est ainsi que l'on glisse entre les voiles du jour. C'est la pudeur extrême, celle des gens de mer qui excuse et n'explique rien. Cette retenue faite de rudesse nourrit les incompréhensions et les sous-entendus, si nombreux ici et sur la presqu'île bretonne. Le silence devient le ciment de cette grande famille insulaire qui garde tout en elle. Tout est verrouillé à double tour et pour longtemps. Parfois, le vent se lève et les embardées attisent et réveillent les tensions. On entend dire que l'histoire explosive de la Seconde Guerre mondiale n'est pas plus dépassée à Ouessant que dans le reste de la Bretagne. Il en résulte le clanisme et des divisions violentes entre familles. Il faudrait crier plus fort que le vent dans l'espoir d'un nouveau départ plus fraternel, plus solidaire avec l'idée d'un sauvetage collectif. On dit que la littérature se doit d'être courageuse. Peut-elle jeter des ponts et ouvrir les vannes d'une parole qui libérerait ?

✦

Ce soir, je décide de ressortir marcher dans la nuit. L'île se révèle entre noirceur et blancheur de mélancolie, et je tire le grand râteau des souvenirs avant qu'il ne soit trop tard. Au loin, le faisceau marque sa ligne d'horizon comme une trace d'étale dans l'obscurité, soulevant une nouvelle architecture de lumière et de silence. Dans cette modélisation des espaces, les esprits et les corps voyagent librement hors des frontières, traversent la coupole de rayons. J'aime de plus en plus le rituel de mes promenades nocturnes sous le phare. Je sais maintenant qu'il me faut l'obscurité de nuits profondes et des marches solitaires dans l'occultation du Créac'h pour reprendre pied. Je m'y prépare et m'équipe de vêtements plus chauds. J'enfile une combinaison étanche et sors naviguer de nuit. Depuis quelques jours, j'ai gagné en confiance et m'éloigne davantage. Le phare éclaire tant qu'il devient ce soleil de nuit qui projette mon ombre à terre. Curieuse impression d'un dédoublement et d'une autre présence qui dit les parts mêlées qui nous habitent.

À mesure que je tourne sous le phare, mon double semble me dire

Connais-tu ta part d'ombre ?

Connais-tu ton plus beau crime ?

✦

Le phare du Créac'h, merveilleux funambule, marche sur l'horizon et fait tournoyer ces bras de lumière verte. Frère de Folon, il jongle comme un oiseau de feu. En ce soir de pleine lune, je vois deux fanaux dans le ciel et débute mon quart de nuit. À la longue-vue, je remonte l'échelle qui me mène vers notre satellite de cœur : île gibbeuse et fromagère. Avant mon départ, son éclipse vécue dans l'ombre du soleil me parlait déjà de mon désir insulaire et d'une autre façon de prendre son envol. J'allais à Ouessant poursuivre en observant la voûte céleste et le ballet des optiques. Depuis quelques mois, une polémique enfle sur l'île : le musée des Phares et Balises risquerait d'être transféré à Brest alors que d'autres disent qu'il sera modernisé et agrandi. Affaire à suivre. Cette nuit-là, je suis montée de nouveau dans la lanterne : la plus belle rampe de lancement pour la lune. Farouche envie d'en croquer un bout de verre comme on croque une mimolette ! À mon retour, Thierry le dernier gardien en poste m'a offert un café et une part de far aux pruneaux. Nous étions installés dans la cuisine du Créac'h avec Félicie, son épagneul breton.

XX

Quand le ciel est bas, je pense à ma première arrivée sur Ouessant, île rêvée, île désirée, et au passage du Fromveur qui la violente et l'enserre. Puissant et glacial, il est prêt à étreindre et à broyer ceux qui s'y aventurent. Certains soirs de grand vent, je crois entendre au loin toutes les âmes perdues qui tournent encore et cherchent leur chemin. La mort se présente là où on ne l'attend pas, sournoise comme la mer. Je regarde le Fromveur comme une nouvelle route maritime, une entrée vers l'aube de l'autre monde. Certaines fois, quand les premiers bras laiteux du phare balayent l'horizon, je pense à la légende de la barque noire qui rôde dans les alentours. *Bag Noz* qui navigue vers le royaume des défunts et touche une dernière fois Ouessant avant de prendre le large. Cela me rappelle Ulysse, parti sur les conseils de Circé en quête de l'âme de Tirésias, et je salue d'un geste calme mes grands-parents qui manquent à ma vie et m'accompagnent de leur lointaine présence jusque sur cette île. Ils se sont éloignés là, dans l'ombre de la nuit. Je crois deviner qu'ils me reconnaissent. Je leur souris et les embrasse encore.

✦

À mesure que les températures chutent, le paysage entame sa mue. Les pigments se densifient. Le vert-brun des contours devient plus net, rendant aux paysages leur matérialité et dans cet air du grand large tout bascule dans une dimension plus ténébreuse et septentrionale. Ouessant devient le lieu de cette lutte de la lumière contre les ténèbres. Dans cet outre-noir apparaissent en ricochets de souvenirs toutes les nuances de la vie et je me promène sur la lande comme je le ferais dans un vitrail à la Soulages et au cœur d'une conque. L'île résonne et surgit dans un lointain écho. Cette nuit, j'ai écrit sur la coursive et dans les jets de feu du phare. Les clignotements des rayons sont autant de battements du pouls de la nuit qui révèle, dans les plis bleu-noir de l'horizon, un monde aux reliefs incertains. Parfois je crois percevoir le souffle et le halètement d'un animal, à moins que ne s'éveillent, derrière le vent et dans les interstices de l'obscurité, les âmes errantes et les voix des damnés morts sur *karreg ar sakrifiz*, la pierre à sacrifice qui est localisée non loin. Il y a aussi les chagrins tapis et les mélopées des *melancholy blues*, ceux des femmes qui cherchent encore leur mari derrière elles et tous ceux partis trop tôt. Je me sens là, sur Ouessant, à un point de contact avec un présent plus sensoriel et intuitif. C'est l'un des grands luxes de la vie de découvrir ces lieux idéaux pour se cacher et mieux noyer sa peine. Comprendre que se laisser mourir un peu, c'est reprendre son souffle. Ce n'est pas rien, d'être capable de s'y abandonner et d'y ressentir cette volupté à côtoyer le monde des morts, comme l'ultime ailleurs. Et déjà j'attends avec impatience le retour du soleil, mais en ce mois de novembre, ce n'est pas pour demain.

✦

L'entrée dans les *mizdu*, les mois noirs, symbolise le début de l'année chez les Celtes. Lors de la première nuit de novembre a lieu le rituel de la *samaïn* là où, dans les ténèbres, s'ouvrent les portes de l'au-delà, rendant possible la communication entre notre monde et celui des morts. C'est une période plus intérieure où poussent les forces d'avant la religion qui s'abreuvent aux sources souterraines. Tu m'avais dit, va sur Ouessant et regarde-la comme une estrade vers l'inconnu. Va et écoute, car on te dira que, cette nuit-là, il faut éteindre la lumière et laisser une lampe sur le pas de la porte. C'est ainsi que tes ancêtres retrouveront le chemin et viendront te visiter. Laisse sur la table quelques offrandes à leur intention. Va et écoute car c'est seulement pendant ces quelques heures que le contact entre nos deux mondes est possible. Certains se souviennent d'un banquet où les vivants tentaient de se réconcilier avec les défunts. Toujours est-il que, cette nuit-là, vers 3 h 30 du matin, j'ai ouvert la fenêtre de ma chambre et ai laissé entrer le souffle doux de la nuit. J'ai regardé longtemps le passage des faisceaux sur la mer, et dans cette immobilité j'ai interrogé le mystère, en repensant à la phrase prononcée par les Celtes : « La mort est le milieu de la vie. » De façon évidente, je vois et ressens Ouessant comme une île en tension, suspendue et reliée avec le monde des disparus. Elle me rappelle l'île de Fårö que j'ai découverte quelques jours après la disparition d'Ingmar Bergman. Chaque pierre, chaque rocher, chaque frondaison d'arbre vibrait, imprégné de la présence palpable du cinéaste. Il y a un monde qui se ramifie jusqu'au royaume des défunts comme des lianes qui s'étirent jusqu'aux antipodes, là où se rejoignent les âmes des morts avant la grande navigation. Dans mon esprit, Ouessant est cousine de l'île du nord de la Nouvelle-Zélande et en particulier le cap Reinga, la terre sacrée d'où s'éloignent les âmes des Maoris. Comme si les Celtes étaient faits pour s'accorder avec les guerriers du pays du long nuage blanc – « Aotearoa » – car ils ont en commun d'avoir navigué aux étoiles, de fabriquer des hameçons et de sculpter le bois. Ils ont une langue imagée avec des toponymes qui se ressemblent. À Ker Héré, Jane Campion aurait pu tourner *La Leçon de piano*. Ce matin, Ouessant m'apparaît plus que jamais comme l'île de passage, sinon l'île des morts, en parfaite connexion avec l'archipel du Pacifique, dernière escale avant le pôle Sud.

✦

Tu m'avais dit, va à Ouessant et tu verras comme tout tourne autour de la mort et du cimetière. Situé au centre du village, il en est curieusement l'un des lieux les plus vivants car ici on continue de converser avec ses aïeux. Tu m'avais dit, entre dans le cimetière et tu y verras un grand jardin. Aucune tombe ne sera oubliée car sache que l'on te juge sur l'entretien de tes morts et de leurs tombes. Le lendemain, j'ai glissé vers le bourg de Lampaul et ai vu un immense parterre de fleurs, de bougies et de coupelles d'eau bénite où baignaient des rameaux de buis, certaines recouvertes d'un carreau d'ardoise. J'ai vu aussi le phare du Créac'h en miniature comme ultime signe à un marin disparu, des galets ramassés et des portraits figés. Je ressentais là une grande dévotion. À Ouessant, on est loin des sociétés où on édulcore la mort. Ici, elle existe et a toujours existé plus brutalement qu'autre part, et il serait vain de la cacher. On la tient à distance, mais on la respecte jusqu'à lui vouer un culte. L'*Ankou* côtoie la vie plus qu'ailleurs et j'apprends que l'auberge de jeunesse qui était la clinique où nombre d'Ouessantins ont vu le jour avoisine la chambre mortuaire.

✦

Alors qu'hier encore les habitants s'affairaient dans le cimetière, aujourd'hui, 1er novembre, je suis seule à parcourir les allées. Les couleurs des chrysanthèmes déposés me rappellent les ghats en Inde : ces grands escaliers qui descendent vers le Gange, le fleuve sacré où, lors des crémations, les corps sont emportés par le courant. Les mêmes boutons de fleur orange et jaune acide interpellent les esprits. Dans une lumière éclatante, l'heure sonne et l'église est bientôt au comble de sa ferveur. Comme dans une renaissance et un sursaut d'expression, la communauté tout entière s'est réunie et s'affirme dans la foi. Elle s'est rassemblée pour honorer ses morts. Elle cite les disparus de l'année, ceux d'Ouessant et ceux attachés à Ouessant.

Les prières et les chants se succèdent dans la fébrilité et l'espoir d'entrevoir le mystère car, comme je l'entendrai : ce n'est pas parce qu'on ne le voit pas qu'il n'existe pas. Le chef de chœur qui est organiste est également le maire de la commune et enseigne au collège laïc des îles du Ponant. À Ouessant, rien ne peut être comme sur le continent. Même si les lois en vigueur sont celles de la République, les affaires et les responsabilités se mélangent pour créer un mariage de cœur où la séparation entre l'Église et l'État n'est pas si évidente et permet de souder une communauté dans ses repères. Il est nécessaire de se rassurer dans un champ politique plus étroit et de tout faire en famille. Après la messe, le curé en aube blanche ouvre la procession jusqu'au cimetière marin qui s'étend sous le monument aux morts de la Grande Guerre. En contre-plongée, les reliefs gris anthracite des soldats casqués et sculptés dans le granite tutoient les nuages. Sont adossées à l'enceinte des lieux de grandes plaques où sont gravés en lettres dorées les noms des Poilus de l'île, tombés à la fleur de l'âge. À lire les lieux où ils ont disparu, la mort aurait comme un goût exotique et un parfum de lointains. Elle s'appelle Crimée, Afrique, Dardanelles ou encore Laos. Depuis, je vois la mer comme un vaste champ d'honneur.

On avance dans la vie en faisant le deuil de bien des êtres et des rêves par une plongée dans les couleurs.

J'apprends qu'autrefois les îliennes portaient par-dessus leur coiffe blanche un bonnet de laine rouge en signe de mort, devenu ensuite un disque vermillon. Le rouge et le noir, dans la retenue qu'ils imposent, se rejoignent ici au bord du monde.

✦

Si la religion a constitué un véritable ciment, tenant l'île dans une certaine culpabilité, elle n'exerce plus la même pression que par le passé. Les Ouessantins ont su établir une distance même si le sacré se vit toujours sur l'île. Il se dit et il s'écrit. On prononce un mot plus élevé et plus beau que les autres pour dire la mort qui prend au loin et sur les mers. Il s'agit du mot *proëlla* ou *broëlla*. *Bro* signifiant pays et *ella* rapatriement. Il s'agit de la cérémonie funèbre d'un marin disparu à jamais et dont le corps ne sera donc pas enterré. La *broëlla* est peut-être ce qui marque véritablement et de façon profonde les Ouessantins et fait d'eux ce peuple de la mer d'Iroise, lié par cette coutume ancienne, la matrice qui relie toutes les consciences et les inconscients pour des générations entières. Aujourd'hui, je me dis que cette île pourrait se résumer par ce seul mot : la *broëlla* des disparus. Autrefois, quand on apprenait la perte d'un homme en mer, les jeunes filles du village étaient envoyées dans toute l'île pour prévenir que, le soir même, il y aurait *broëlla* dans la famille du défunt. Elles allaient alors chercher à l'église un crucifix d'argent et de la pâte de cierge avec laquelle elles façonnaient cette croix de cire blanche. Dans la maison endeuillée, on étendait sur la table un drap, deux morceaux de dentelle ou encore la coiffe de la veuve ainsi que le portrait du marin et on disposait la croix qui servait de substitut au corps du disparu. Ainsi le corps était présent et on pouvait, selon la croyance, à travers cette cérémonie d'enterrement fictif, retrouver l'âme du disparu, ce qui lui assurait la paix et un retour au pays. On fermait la fenêtre et la veillée funèbre pouvait commencer à la lueur d'une bougie qui animait les coins de la pièce. Toute la nuit durant, les parents du défunt et les amis égrenaient des chapelets, bénissaient et apportaient des offrandes dans le silence et la contemplation. Venait ensuite le prêtre qui menait la procession jusqu'à l'église où une messe des morts était dite avant que la croix de cire ne soit déposée dans la petite chapelle de granite, pas plus grande qu'une cage à oiseau. On voit toujours ce petit mausolée au cœur du cimetière et il continue chaque année d'être bénit par le curé, en « mémoire des marins qui meurent loin de leur pays dans les guerres, les maladies et les naufrages », comme je le constaterai en ce 1er novembre. Toute la communauté continue de se rassembler là afin que les familles qui ont perdu quelqu'un en mer aient aussi une tombe à fleurir. Autrefois, il était dit que le noyé pouvait remonter le troisième jour après l'accident. Au-delà du sixième ou du neuvième jour, il n'y avait plus d'espoir.

✧

J'ai compris à présent que Ouessant est à part dans le royaume des îles. Elle est une terre d'avant les autres, une marche vers l'au-delà et bien plus encore, vers le sublime. Elle est un paysage d'éternité qui raconte l'avant et l'après-monde, provoquant une tectonique de nos plaques intérieures, comme un coup au cœur. Ici, nous constatons que nous portons en nous la vie et la mort, l'amour et la mort. Dans ces moments de lévitation, je découvre les vertus consolatrices de la nuit et vérifie que se frotter à tout ce noir, c'est apprendre à avoir moins peur de la mort. Comme s'il s'agissait de l'apprivoiser, pour mieux l'accepter : d'abord pour soi et pour les autres car, dans le renversement des marées, on marche déjà vers le velours de l'outre-monde. Loin du moule imposé, la mort à Ouessant n'est pas forcément triste tant le ciel est changeant et la nature nous interpelle. Nous comprenons que la vie sur l'île est plus vaste que nos préoccupations et on touche à la dimension du cosmos qui nous élève et nous fait regarder plus loin, plus haut. Les îliens ont cette sagesse qui leur permet de relativiser car ces hommes et ces femmes sentent plus qu'ailleurs, dans le passage répété des tempêtes d'hiver, leur passage sur terre. Dans ce temps ralenti, il y a un avant et un après nous. Entre le temps et l'éternité vivent les anges et c'est dans cet espace un peu flou qu'habitent les îliens.

XXI

La vie sur les îles et les côtes maritimes est ponctuée de ce que l'on appelle pudiquement des « faits de mer ». Ouessant n'y échappe pas et, depuis mon arrivée, je vois chez quasiment tous les Ouessantins la carte des naufrages établie par Georges et son ami Claude, tous deux férus d'exploration marine. Ils la déploient et l'accrochent aux murs comme une sorte d'arbre généalogique de la vie funeste de l'île. L'expression « Qui voit Ouessant voit son sang » prend alors tout son sens. Il est effrayant de réaliser la quantité phénoménale de navires qui ont fini leur course dans les roches et écueils allant du chenal du Four et à la chaussée de Sein. Ouessant est bien la dernière marche avant l'enfer et les récits des habitants sont pleins de ces échouages. Ils racontent qu'avec la fin de la marine à voile et l'avènement de la machine à vapeur la rentabilité sur les mers est arrivée et, avec elle les naufrages nombreux, très nombreux. Il est étonnant de constater que ces drames se déroulaient souvent lors de voyages inauguraux, comme si le fait de naviguer sur un bateau rutilant le rendait invulnérable. Bien souvent, ce sont les armateurs qui poussaient les commandants à aller plus vite. Ces derniers pour gagner du temps optaient pour des routes plus courtes. Sans radar, au nez et à l'estime, ils faisaient du rase-cailloux. Il n'était donc pas rare de voir arriver à pleine balle les navires sur la côte, par soirs de brume et d'épouvante. À force, la population de l'île avait émis, lors d'un conseil municipal, la nécessité d'un phare dans la partie sud-ouest, c'est-à-dire sur le site de *Feunten Velen*, la pointe sauvage. C'est ainsi que par décret l'empereur Napoléon III autorisa en mai 1860 l'érection d'un deuxième phare, mais ce fut le site du Créac'h qui fut retenu.

À écouter les hommes de l'île, je me rends compte que les plus anciens savent lire le fond de l'océan. Les cloportes de mer et surtout les épaves : rien ne leur échappe ! Ils savent où elles se trouvent. Et j'aime les écouter parler des carcasses rongées par le sel et ballottées par les courants. J'apprends que certaines sont encore visibles par grandes marées, comme les chaudières du *Mykonos*, le *Vesper* qui ralliait Oran à Rouen, ou encore l'*Asby*. Impossible d'oublier en janvier 1976 l'*Olympic Bravery*, pétrolier grec à l'équipage italien, venu s'échouer sur les rochers au nord de l'anse de *Yuzin*, pour toucher la prime d'assurance. Certains jours, on peut encore en voir un bout. Des Ouessantines se rappellent qu'il éclairait jusque dans le bourg et la forte odeur de pétrole qui les dissuadait d'ouvrir leurs fenêtres. De toutes les façons, celles-ci étaient collées par les embruns et le fuel. Une usine avait été installée pour dépolluer. On m'a raconté que le commandant était revenu sur l'île avec sa femme, mais les habitants lui ont demandé de faire demi-tour *illico presto* !

✧

Tous les ans, les mêmes récits et les mêmes fortunes de mer
de ces coques qui s'éventrent sur la mer mal pavée
de ces personnes tombées à la grève et que l'on ramasse au pied des falaises
et des couronnes de fleurs jetées à la mer

✧

Dès le lendemain, je me suis dirigée vers la côte pour chercher des indices. Les premiers, je les ai trouvés à fleur d'eau, à *Porz Doun*, sur la pointe sud. Là, en ce jour de grandes marées, gisent deux chaudières qui semblent des baleines échouées. Ce sont celles de l'*Asby*, navire anglais venu s'encastrer sur les récifs en février 1916. Elles sont percées en vases coniques à trois têtes et sont devenues les aires de jeux de deux phoques gris. J'avance vers la côte et explore les rochers. La mer est ferrailleuse. Elle disperse et effeuille des débris de tôle rouillée qui volent et flottent en fortune d'épaves. Au fil du temps, elles se sont soudées aux galets et aux gorges de granite. En forme de baïonnette ou de vertèbres de ptérodactyle, elles sont devenues roches de fer et pointes d'acier gagnées par les algues et les bigorneaux. Même les berniques, dispersées au hasard et en osselets, paraissent leur rendre un culte. Plus loin sur la grève, de gros galets roulent en berceau dans un masque de scaphandrier. Et l'ensemble, dans une giclée de lumière d'automne, se colore de coulées sanguines et contraste avec le vert salade de la mousse. Dans cette apparente oblitération du temps les chapeaux coniques ont remplacé les rivets. Sous le miroitement des eaux, ces plaques sensibles renvoient des visages énucléés. Ce sont des émanants maritimes, de petits cadavres rejetés par la mer. On pense à tous ceux que l'on n'attendait plus et qui s'échoueront encore, venus du fond des âges et de l'autre côté de l'Europe. Arrivés un jour de tempête, ils sont tombés si près de leur but. Dans le télescopage des informations, comment de ne pas penser à la tragédie qui se joue actuellement en Méditerranée ? Je finis par me dire que la mer prend à toute heure et que l'Europe tout entière vit sa plus grande perte à ne pas entendre ceux qui cognent et se noient à sa porte. *Enez Eusa*, Ouessant en breton, finit par résonner avec Lampedusa, île cousine.

✧

Le lendemain, je suis allée au cimetière marin de Lampaul, chercher la sépulture du capitaine de l'*Asby*.

Combien de services chantés pour le repos des âmes ?

La mer prend et rend les corps
et dans les pires moments
la mer est cette vomisseuse

✧

La mémoire d'Ouessant, mais aussi celle de Molène, est encore hantée par le naufrage du *Drummond Castle*, un paquebot qui faisait la traversée en 1896 entre Le Cap et Londres. Plusieurs mois de mer et, la veille de son arrivée, il a talonné la Chaussée des Pierres Vertes, au sud du phare de Kéréon, qui n'avait pas encore été construit à cette date. En sept minutes, le navire, qui n'avait pas de double coque, a sombré avec à son bord plus de 250 passagers. Seulement deux matelots et un passager furent sauvés. Pendant des semaines entières, les familles des disparus sont venues, après chaque marée, sur le littoral pour tenter d'identifier un proche. Les îliens ont secouru les rescapés et repêché les corps, comme celui d'une petite fille qui a été lavé et habillé en Ouessantine, puis ont été enterrés. Les drames de mer sont bien au cœur de la vie à Ouessant et tout nous le rappelle, à commencer par ce clocher qui domine l'île et le village de sa silhouette d'aiguille à coudre. Rehaussé en pierres de Kersanton, il fut offert par la reine Victoria en remerciement de la solidarité des îliens. On comprend comment de telles ondes de choc se sont à jamais imprimées dans l'inconscient de l'île.

✧

En cette fin de journée, depuis la chambre de veille, la pointe de Pern m'apparaît comme un immense cimetière marin plongeant les habitants dans un deuil sans fin. Sous le drap mobile de l'océan, couleur de linceul, c'est le royaume des tempêtes et des vastes solitudes où coques et carcasses en pagaille sommeillent. Dans cette pétrification des hauts-fonds, on ne sait plus qui, du *Vesper*, du *Nicolas*, du *Miranda*, du *Johnny* se déplacent au gré de la houle. Je pense à ces milliers d'épaves qui sont venues s'abîmer un jour dans le bleu de la mer. Depuis, les varechs et les laminaires, comme des chevelures, s'ébrouent dans le courant et semblent recouvrir de gigantesques catacombes : ossuaires qui libèrent à chaque marée les corps avalés par les fosses marines. À trop lire Rachilde et sa *Tour d'amour*, je crois percevoir des cris, ébats amoureux qui résonnent dans la nuit et dans les couloirs du sémaphore. J'ai la chair de poule et renonce ce soir à sortir au pied du phare.

✦

Que sait-on des pilleurs d'épaves ? Que sait-on du jeu des lanternes pour attirer les navires du large ? Car il faut bien dire que tous ces échouages constituaient une manne céleste, le *pensé an ado*, disent les Ouessantins, c'est-à-dire ce que les îliens pouvaient s'approprier en faisant valoir le droit de bris. Une pierre posée comme un acte de propriété. Les Ouessantins ne seraient pas pour autant des naufrageurs, me dit-on dans le bourg. Quand les denrées providentielles arrivaient à la côte, on attrapait bien vite savons et bougies, vaisselle et bois d'épave que l'on transformait pour garnir les petites maisons. Toutes ces caisses de bois et ces planchers étaient envisagés comme un don de la mer. On raconte que Ouessant se serait chauffée tout un hiver grâce au charbon arrivé en 1903 par le *Vesper* qui a accroché la pointe de Pern. Le vin arrivait par barriques dont on s'enivrait au creux des rochers et à même la côte. Lors du naufrage du *Chincha* qui faisait route vers l'Amérique du Sud, c'est du champagne que les Ouessantins ont bu en échange du lait chaud qu'ils ont donné aux survivants. Le *Vesper*, c'est l'incroyable histoire de

Rose Héré, fumeuse de pipe et qui impressionnait tant les enfants dans ses habits sombres et sales. Ce n'était pas Micheline Presle qui sentait si bon et qui était venue en 1954 sur Ouessant pour jouer dans le film *L'Amour d'une femme*, de Jean Grémillon ! Il n'empêche que Rose Héré, c'est l'héroïne de ce vapeur français. Courageuse, elle s'est jetée à la mer pour guider un canot jusqu'à la cale de Pen ar Roc'h avec quatorze de ses survivants à son bord. C'était le 2 novembre 1903. Aujourd'hui encore, alors que je bois un café au bar de la Poste, la discussion n'est pas close. Certains l'admirent et d'autres continuent de douter de son acte de bravoure. Comment a-t-elle pu rejoindre le canot puisqu'elle ne savait pas nager ? En plus, elle était habillée de ses lourdes robes. Certains disent que l'histoire aurait été montée de toutes pièces pour redorer le blason de la Société de sauvetage. Il n'empêche que Rose Héré a été invitée à la Sorbonne pour recevoir des médailles et des distinctions, ainsi qu'une belle somme avec laquelle elle s'est fait construire sa maison dans la montée après le port.

✦

On te le dira, il faudrait être scaphandrier pour marcher à l'ombre des abysses et visiter ces épaves, véritables cités endormies, illuminées de sable blond. Certains s'y sont déjà promenés et il m'arrive de reconnaître chez des Ouessantins des objets ou de la vaisselle repêchés, mais les plus beaux trésors je les ai vus au musée des Phares et Balises : ainsi les défenses d'éléphant et les plumes d'autruche que transportait l'*European*, ce navire qui accompagna l'impératrice

Eugénie lors de l'inauguration du canal de Suez en 1869. Il termina sa course dans la baie de Lampaul qui frémit encore de ses scieries et riches étoffes, et brille des diamants dispersés dans ses fonds.

✦

Aujourd'hui, depuis les côtes d'Ouessant ou de Molène, on ne voit plus le passage des navires. Le dernier échouage en 1979 fut le *Peter Sif* : transport danois coulé en baie de Lampaul avec une cargaison de linge et de petits canards jaunes en plastique, de vestes et de soutiens-gorge que l'on voyait ensuite suspendus sur les fils dans les jardins. Il faut être plongeur pour voir cette épave très bien conservée avec ses mâts de charge, et qui a sombré malgré l'intervention de l'*Abeille Flandre*.

XXII

Le vent s'est levé au cours de la nuit et je suis entourée d'un crachin épais au point qu'il semble pleuvoir sur l'écran de mon ordinateur. Sur le vaste bureau, j'ai disposé la carte maritime de la pointe du Finistère, la carte des naufrages et celles des toponymes bretons. De carte en carte, de villages en hameaux, je navigue entre chemins et prairies, à travers les noms bretons aussi : *ker lann*, *mez poul dour*. Puis je vais le long des champs et des racines de fougère. Auparavant, l'île était plantée de peupliers avant d'être déboisée par les Gaulois pour devenir une terre de lande et de pierres.

✦

Les pensées des îliens se mêlent à cette terre qu'ils arpentent sans cesse pour revenir à leur point de départ. Certains font le tour de l'île comme ils feraient le tour d'un pâté de maisons, s'accommodant et organisant leurs circuits en fonction de leur humeur. Je verrai quasiment tous les jours cet homme conduire avec son chien sur les genoux. Tous deux assis et la tête dans le volant, ils connaissent leur territoire par cœur dans ses moindres recoins.

✦

Parfois, le meilleur allié est le cadastre qui révèle les zones d'ombre et de dévastation. Je vois ces bandeaux de terre, alignés comme des arbres ou des corps couchés.

Ouessant

île-cadastre

île quadrillée

île saignée à blanc par des sillons bombés et des languettes de verdure. Elle m'apparaît du nord au sud, parcourue de parallèles qui filent à travers les champs de fougères en symétrie des routes du ciel. Percée de gouffres et de criques, Ouessant est raccommodée comme les pièces de tissu du costume épinglé de ses femmes. *Île-Kamproz*, il suffit qu'une seule pièce manque pour que tout soit de guingois. La vie comme le cadastre est faite de morceaux et de déchirements.

✦

Ici, face à ce cadastre désarticulé, on pose sa vie et on la met un temps en jachère. On offre à son existence l'occasion de la voir défiler sous nos yeux et en sens inverse. S'ouvrent alors la grande fresque du monde et la mémoire de ce que nous connaissons. Avant de repartir, je reprends mon souffle auprès des femmes et des gardiens de phare, des marins qui savent la vie au loin, la traversée des fuseaux horaires et la liberté des mers. Ce matin, j'ai vu se déployer l'envol des craves qui sautillent sur la pelouse au pied du sémaphore. Le revers de leurs ailes d'un noir bleuté répond aux pièces de linge qui battent au vent, et laisse les mêmes traces endeuillées dans l'air. Avant de glisser sur mon vélo en direction du bourg, je regarde le ciel ennuagé de mains plaintives qui caressent l'espace de maléfiques prémonitions. À la maison de la presse, j'apprends le drame, l'inconsolable, l'inexplicable. Le suicide d'une jeune fille.

✦

Le lendemain à 15 heures, toute l'île est regroupée sur la place de l'église

Habits sombres et épaules lourdes

Éternellement les mêmes attitudes qui résistent au temps et à l'immense chagrin

L'assemblée tout entière est recueillie et fait silence

Ouessant est tout entière touchée et brisée

À cet instant

dans la communion du souvenir et la peine qui se partage

l'enfant perdu devient le nôtre

les enfants des îles sont les enfants de tous

Et dans les courants d'air glacial qui cinglent jusque dans les angles morts de cette haute église

Derrière les grandes portes bientôt refermées

la communauté se ramasse sur elle-même

Pleure et souffre sa peine

Comme elle l'a toujours fait, elle fait corps dans la douleur et face à la mort

Tout ce que l'île compte de jeunesse est là, debout, rassemblé et tendu vers le chœur. Les jeunes se souviennent et racontent ce que fut l'adolescente, belle et joyeuse. Tous ensemble nous vivons là ce passage, cet inconnu.

À présent le prêtre devant le cercueil et la famille éplorée pèse ses mots

Dans ce temps arrêté, il prononce les paroles qui sauvent et soulagent. Dire et entendre pour accéder à des secrets encore ignorés et éloigner de l'insupportable

Il est ce jour où l'île tout entière a arrêté de respirer

quand le vent et la pluie sont repartis de plus belle

Et de façon plus violente encore pour accompagner l'inacceptable d'une vie si jeune brisée

Le vent a cogné longtemps

puis s'est tu

Ce jour-là, j'ai compris que dans ce grand bain de noirceur, c'est le malheur qui soude les Ouessantins. Il est impossible de s'habituer à la banalité de la mort. Tout est ici forcément plus puissant qu'ailleurs, les injustices comme les drames. Dans la solidarité de la communauté, des relations se tissent si proches que le chagrin des uns devient aussitôt le vôtre. Là se situe la vraie vie, celle qui nous transforme et nous rumine de l'intérieur et on comprend que c'est l'île qui nous fait, plus que nous agissons sur elle. Je sais maintenant que la présence en nombre console la famille, même si les larmes sont loin de se tarir. Dans ces grandes peines qui ébranlent, je me demande, la révolte au ventre, ce que fait le groupe pour protéger sa jeunesse. Ici à Ouessant ou bien ailleurs sur la Grande Terre, où le suicide des jeunes, encore tabou, est tellement ravageur.

✦

Je suis rentrée au sémaphore avec un goût de cendre dans la bouche et un sentiment de désastre à regarder ces phares, tours octogonales sur la grand-route des mers.

Depuis, il m'arrive d'apercevoir une femme vêtue de noir qui marche sur la lande

Depuis, il m'arrive d'entendre une femme qui chante sur la plage

Je quitte ce jour funeste en me disant que l'île est un trou noir où nous sommes tous entrés en collision.

XXIII

Le 12 novembre, je quitte Ouessant pour un week-end prolongé, invitée par le salon du carnet de voyage à Clermont-Ferrand. Bateau direction Le Conquet, TGV Brest-Paris Montparnasse. Le lendemain, déjeuner derrière le Bataclan. En début d'après-midi, gare Paris Austerlitz : train pour Clermont-Ferrand. Nuit d'horreur. Dimanche, salon annulé et retour à Ouessant.

✧

Tu m'avais dit, retourne sur l'île, retourne au sémaphore.

Encore, faudrait-il avoir le cœur de remonter écrire à la chambre de veille. La pluie, comme tout le paysage, pleure en silence contre les vitres de la cuisine. Elle coule en peine infinie et s'écrase en gouttes circassiennes. Dans ce lâcher-prise du désarroi et la chute des corps, seul le poète des pistes joue du déséquilibre et rebondit pour se sauver.

Regarde-le comme il vole
il est cet oiseau léger et aérien
un espoir dans le ciel.

Il faudrait apprendre de lui, retrouver la légèreté et l'élan. Hébétés, nous le sommes avec cette sensation de vivre à moitié, suspendus entre l'écho des balles et les hurlements. Dans un go fast, j'ai touché la capitale où la folie meurtrière a de nouveau frappé. Écrire, même dans un lieu qui invite au rêve et à l'éternité comme le sémaphore d'Ouessant, c'est aussi côtoyer l'actualité et s'y confronter. Il n'y a pas d'île coupée du monde. Ce vendredi 13 novembre s'invite dans les brouillons de l'écriture et s'immisce en traînées de douleur et d'effroi. Impossible de ne pas y penser et de ne pas questionner la mer et les falaises sur ce qui motive ces voleurs de vie. Pourquoi, comment en sommes-nous collectivement arrivés à cette situation ? Les écrivains ont-ils des réponses à apporter ? À Ouessant, on y pense aussi, on en parle. Tous connaissent un ami, un frère, une sœur qui vit à Paris, un îlien qui, le temps d'un week-end, se rend sur la Grande Terre.

Désarmée, je suis de retour dans le sémaphore d'Ouessant.

Sur la mer, l'horizon ne se lèvera pas aujourd'hui
Il se contente de recueillir dans son champ magnétique
des convois de nuages noirs
ceux qui se sont posés sur nos vies
Après que ces meurtriers ont dévasté Paris

Depuis résonne à jamais cette voix
Vous n'aurez pas ma haine
Vous n'aurez pas notre liberté

Hier matin, Marianne, je suis venue illuminer et baiser tes pieds
Nombreux nous sommes venus chercher consolation dans tes jupons
pour supporter l'insupportable
Ils avaient vingt ans, l'âge de nos enfants
et tous ces visages que connaissons déjà sans les connaître
De retour sur l'île, je vois les capuches noires des femmes endeuillées
et je pense à toi Marianne qui pleure la jeunesse fauchée
et nous te disons
Rocke
Rocke, ma belle
c'est de ne pas vivre à moitié que nous voulons
C'est de vivre en liberté
Sans condition de rire et d'aimer
Sans condition de marcher en liberté
Marianne
Danse
Danse, encore
C'est de penser en liberté que nous voulons
C'est de rêver en liberté que nous voulons
Marianne
nous te défendrons
pour la joie et les rires
Marianne no pasaran !
Que la liberté continue de nous guider

Lors de mon deuxième passage pour Ouessant
la houle au cœur

j'ai vomi sur la lâcheté et la barbarie
et ai appris la devise de l'île « s'il tombe, il se relève »
j'ai pensé
Comme l'acrobate sur la piste
Comme Marianne sur la place de la République.

Seulement quand la pluie a cessé, je suis remontée à la chambre de veille.

✦

Il y a des jours où seul le rire sauve. C'est ainsi que j'ai voulu revoir le perroquet vert de chez Paul le brocanteur pour qu'il me parle de Robinson ou bien qu'il me dise une blague.

✦

Plus que jamais, le Créac'h, en totem amérindien, impose sa présence sur les derniers des Peaux-Rouges bretons. Or, dans cet hiver naissant, sa tête de lumière boréale impressionne par un silence de cristal, qui dans son élan circulaire jusqu'à la mer habille l'horizon d'un voile vert-de-gris. Il devient cette sculpture de l'air qui anime les pales invisibles du grand hélicoptère de nos vies. Ce soir, je suis ressortie marcher sous l'immense fleur de rayons pour y puiser du réconfort et une lueur d'espoir dans un monde qui se cherche une voie de sortie. Comment ne pas voir ces infinis bras de lumière comme ceux de la connaissance qui touchent celles et ceux qui les regardent. Continuer de veiller sur les phares et leurs lumières, c'est refuser l'obscurantisme qui nous menace, entretenir la flamme du savoir et de la curiosité, résister à toutes sortes d'entraves car les phares sont notre liberté de penser et de créer, d'aimer et de chanter.

Danse Marianne

La liberté et rien d'autre !

Éclaire Créac'h

pour éviter de nous réveiller un matin brun et un jour de marée noire

Depuis, je vois les lentilles jumelles du Créac'h qui impriment leur pulsation sur mes nuits et je me prends à rêver d'une double aurore qui nous indiquerait la direction.

XXIV

Va et tu entendras que Ouessant n'est pas épargnée par les grands bouleversements actuels et vit une mutation indéniable. Ce n'est pas rien de constater que cette communauté de 900 âmes s'apprête à entrer de plain-pied dans une nouvelle ère. C'est une période passionnante emplie de tensions et de vents contraires. Les plus pessimistes disent qu'elle fait naufrage tandis que d'autres disent qu'elle sort de l'éternité. Cette transformation n'est finalement que le prolongement de ce qui s'opère partout et plus encore ailleurs. Nous attendons que passent les nuages comme le temps et le deuil qui sédimentent en chacun de nous. Il y a là des hommes et les femmes qui se sont arrêtés avant l'accélération du temps et qui vivent avec l'impression d'être protégés de tout tandis que d'autres rêvent d'une renaissance. Ce mouvement est enclenché depuis bientôt cinquante ans et coïncide clairement avec la perte de la langue bretonne. Pendant mon séjour, je n'ai rencontré que trois personnes bretonnantes. Même si personne ne m'en parle, c'est peut-être là que se situe le plus grand naufrage, dans la disparition de la langue qui est comme un sabotage de l'inconscient de cette communauté insulaire.

✦

Dans cette bascule effrénée du monde, l'inquiétude comme sur le continent se lit sur les visages,

et j'entends

il y a moins de *gorzes*

ces après-midi café où on allait

d'un côté à l'autre de l'île

d'un côté à l'autre

on se rencontrait et on se réchauffait

Des rendez-vous traditionnels qui contribuaient à souder la communauté

Il y a bien encore le club des fileuses fréquenté par de jeunes mères

Mais on le sait : le tricot ne protège de rien, sauf du froid, les pieds dans ses *beguenn* !

Peut-être est-ce une façon de ravauder et de remonter le fil de la mémoire, ultime rempart symbolique

✦

À Ouessant tout bouge, tout change comme le régime des vents et on vit un moment de rupture où, selon certains, il n'y aurait même plus d'entraide. Comme ailleurs l'individualisme gagne et la dépendance vis-à-vis du continent s'accentue d'année en année. Je voyais Ouessant comme une coulisse du monde qui avait échappé à l'uniformisation, un dernier bastion sans voie rapide ni rond-point, sans zone commerciale ni lotissement. Quelle chance ! Presque une anomalie dans cette Bretagne défigurée par des aménagements interchangeables. Mais ici aussi, on fait ses courses par Internet et on se fait livrer par bateau ou avion. Ouessant est bien une société insulaire dans un monde contemporain ; même si, dans cette mutation des habitudes et des comportements, on lève encore la tête vers le ciel pour regarder briller les étoiles.

✦

Le mois de novembre s'achève dans une flaque blanche à l'horizon et trouve son chemin vers un monde de pureté crépusculaire. L'année s'étire et abattus nous entrons dans l'hiver, et son mois le plus noir, *miz kerzu* : décembre. Plus que jamais dans l'exaltation née de la mer je quitte les pastels vénitiens pour les bleus de Bohême. Je découvre que la température est l'élément qui transforme les ambiances et les paysages, le froid apportant une grande netteté à ce tableau vivant.

La mer devient cette surface bleu pétrole plus profonde
elle se drape de contours plus francs
Et l'horizon est ce bâton d'ardoise
posé en arcane aussi puissant que l'iris de l'œil
Il est un trait de fusain sur la courbure du monde

✦

En cette fin d'année, l'allumage du phare se fait plus tôt et de façon automatique par une cellule photoélectrique. Mes nuits sont plus longues et je sens, au fil du calendrier, que je m'enfonce et chavire dans l'écriture avec un plaisir décuplé.

✦

Depuis le premier jour où j'explore Ouessant, je tente de capter sa petite musique, suprême et mythique, sa tonalité dans ce qu'elle a de profondément enraciné. Parfois, j'imagine Ouessant comme une gigantesque oreille, un tympan qui vibre de toutes les voix et les histoires entendues. J'aime écouter parler les Ouessantines et les Ouessantins de leurs timbres presque méditerranéens. Ce sont les voix chantées du Finistère qui contiennent encore un peu de cette étrangeté et de ce mystère, sauvé du formatage. Leurs intonations roulent dans le vent et sur le ventre de l'océan. Elles tirent loin leurs racines en Armorique. Il faudrait retenir tous ces mots et toutes ces phrases, toute une richesse orale qui constitue l'or d'un patrimoine unique. Epstein l'avait compris quand il est venu poser sa caméra dans ces confins. Les îliens et les pêcheurs en particulier étaient devenus sous sa pellicule des acteurs et des figurants à part entière, plus vrais que la vérité.

Nous ne pouvons qu'accompagner ce mouvement en nous demandant qui seront les prochains Ouessantins, les prochains îliens venus d'ailleurs

Aujourd'hui, je croise leurs enfants
derniers témoins
derniers Indiens
derniers grands chefs sioux
Avec eux se transformeront
une langue et des gestes
Immense respect

✦

Depuis mon arrivée, je m'interroge sur ce fil d'Ariane qui part du plus profond de l'histoire de l'île et qui risque de se rompre. Je m'interroge comme l'ont fait avant moi les écrivains-voyageurs de passage et Odette du Puigaudeau en particulier. L'apogée se situe au début du XXe siècle avec une forte croissance démographique. Aujourd'hui, Ouessant vit une sorte d'agonie. Certes, le petit sursaut d'une dizaine de naissances est providentiel, avec un clin d'œil pour la petite Léane née sur l'île début 2017. Cela n'était pas arrivé depuis trente ans ! Les jeunes, tous plus volontaires les uns que les autres, n'ont pas peur de déplacer des montagnes pour rester vivre au pays. Il faut avoir le courage des oiseaux pour partir faire ses études, commencer une vie d'adulte sur le continent, puis revenir s'établir sur l'île. Certains le font. Jeunes femmes, jeunes hommes nés à Ouessant, et ceux qui arrivent d'ailleurs pour le rêve que représente la vie d'îlien. Ils y retrouvent la qualité de vie et la part d'enfance qu'ils y ont laissée. Ils reprennent les commerces, créent des gîtes quand d'autres vivent de la pêche. Une maison maternelle s'est organisée et des projets émergent, même si circule l'idée que ce n'est pas le bon moment pour trop bousculer les choses.

✦

Ouessant, de toutes les îles du Ponant, est la plus éloignée du continent. Elle est perçue comme une terre d'utopie. Pourtant, elle semble rétive à la modernité et aux idées neuves qui pourraient être salvatrices et prometteuses d'avenir pour les jeunes générations. Tiraillés entre progrès et résistance, les Ouessantins ont tendance à éviter les propositions qui apporteraient un changement : maraîchage de produits biologiques, élevage ovin, bovin. « Les pommes de terre ne sortiront pas de terre », répètent certains. Tous les rêves et tous les possibles se figent et s'immobilisent.

✧

À plusieurs reprises, je serai étonnée de ressentir, dans une île qui renferme autant de signes et de nouvelles du monde, une attitude aussi sceptique vis-à-vis de ce qui ne leur ressemble pas. On tient le continent, et tout ce qui en vient, à distance. L'étranger le restera toujours, comme la France. On le nomme le chinchard, ce poisson qui se déplace en banc. Ils te diront qu'ils sont d'abord ouessantins, avant d'être bretons et français. Cependant, pour les plus bienveillants, l'ailleurs ce sont les personnes de passage qui viennent quand le ciel est bas. Elles apportent un peu d'exotisme et de sourire, une part d'imaginaire. Si beaucoup reconnaissent vivre dans une société clivée, au moindre souci, ils sont tous contre le reste du monde ! Dans ce changement inéluctable, je continue de chercher à comprendre ce qui s'est accumulé au fond des êtres et au fil du temps pour parvenir à cette tentation d'un retour sur soi. Je me dis que par instinct de protection les gens de mer font le dos rond et laissent passer le grain. Dans la tourmente, peut-être est-ce la meilleure façon de résister. Mais où est passée la solidarité qui faisait leur force et leur beauté dans les temps plus anciens ? Les nouveaux réfugiés ne sont pas plus aujourd'hui désirés à Ouessant que sur le continent. Ce qui s'observe à Ouessant étant ce qui se passe ailleurs, en plus exacerbé. La France tout entière, mais également l'Europe, se recroqueville et se crispe sur des valeurs du passé. Nos parents n'ont-ils pas connu l'exode ? Aurons-nous à rougir de n'avoir rien su faire ?

✦

Depuis le sémaphore, certains jours, je ne peux regarder la courbure du monde sans inquiétude. Je rêve d'un phare qui tire des filins sur lesquels on pourrait marcher jusqu'à la lune, je regarde les nuages comme des aéronefs, énormes ballons qui traversent les frontières et franchissent les mers.

✦

Va et tu entendras que
ça va finir comme ça devient
une île fantôme
une île touristique
Touristes d'un jour, baume d'apparence
Va et tu entendras
le pire
qu'à force de ne rien faire
Ouessant aura vendu son âme
Le dernier rempart est en train de céder, si ce n'est pas déjà fait
Les nantis et les privilégiés sont arrivés, ils sont là
Pas à vos portes, mais dans vos maisons

Le lissage, le grand lissage de la globalisation du pouvoir et de l'argent

On l'avait oublié depuis que le rail était hors de la vue

et pourtant

Il est loin le temps où Pruche, le médecin de l'île, se déplaçait

seul en Jeep

Aujourd'hui, plus de la moitié des maisons sont des résidences secondaires détenues par des personnes du continent dont quelques-uns arrivent en décapotable

Certains disent qu'elles guettent le moment où, majoritaires, elles pourront elles aussi décider.

✦

Enfin, il ne faut pas se leurrer et les vieux Ouessantins en font des gorges chaudes : passé les premiers mois de passion, il faut tenir bon dans le vent et les tempêtes. Va et on te le dira : quoi qu'il arrive l'île est plus forte que tout ! La fascination réside peut-être là. C'est la nature qui a le dernier mot. Si en ville nous sommes déjà des hommes augmentés ou en passe de le devenir, ici, le ciel et ses déchirures, l'aveuglement du soleil et la furie de la mer nous rappellent à notre fragilité.

XXV

Des pipits sortis de la lande me frôlent le visage.
Je sens l'imminence de la fin de mon séjour.
Ce matin le baromètre perd les pédales
et de la mer on ne peut plus rien prévoir
odeur plus aigre de la fougère
impression de ciel renversé
de grandes bandes balafrent l'horizon
la lumière monte des flots

✦

Aujourd'hui, la mer est trop mauvaise et tous les bateaux sont annulés jusqu'à nouvel ordre.

✦

La veille du dernier jour, je vais tout en haut de l'escalier et écoute longuement le vent qui tambourine un rythme de feu dans les haubans. Encagé dans l'échelle sur le toit-terrasse, il est tel que je ne peux plus quitter le sémaphore ni à pied ni à vélo. Je suis devenue sa prisonnière. Comme si le vent me retenait dans ses murs. Il redouble pour devenir un son jusque-là inconnu, une ruade de chevaux ou un pas de danse celte, une cavalcade que j'enregistre et qui improvise un blues. Les yeux fermés, je repars loin au cœur d'une Afrique millénaire, creuset de notre humanité, et je ressens une pulsion de vie que je nomme transe des premiers hommes. Il y avait là, au cœur et à l'origine de mon expérience, un rythme, un battement, un *beat* qui anime le sémaphore et qui me tient en vie depuis mon arrivée en ces lieux. Il est à la source de mon écriture. Ce tempo est celui de l'île. Je sais que notre vie est tout entière soumise à des rythmes et à des périodicités, des plus intimes aux plus infimes, du début jusqu'à la fin, se superposant à ceux de l'univers. Nous sommes ce flux sanguin qui bat comme l'océan dans la variabilité de la vague, dans son volume et dans sa force. Nous le possédons au plus profond de nous et il nous relie au tout premier matin du monde.

✧

Hier soir, tu m'as demandé, as-tu écrit aujourd'hui ?

✧

Dans l'intervalle que propose le sémaphore surgissent les mots comme d'immenses secrets et la chambre de veille devient la chambre à soi où, comme l'aurait aimé Virginia Woolf, naît l'écriture. Ce lieu ouvert sur la mer m'offre une parenthèse comme une respiration, la possibilité de ralentir le temps dans l'acte même d'écrire, aussi empirique que le travail d'un artisan. Là s'est ouvert l'espace de la poésie et des mots déposés, comme une forme de résistance. Ce n'est pas rien dans l'accélération que vit le monde, et l'effroi que nous ressentons. Vivre au sémaphore et sur Ouessant permet ce pas de côté. Là, on écoute et on regarde différemment le monde, loin du tapage et de l'hypermédiatisation. Le silence arrive en douce mécanique, comme un immense lac clair dont on pourrait se nourrir. Cet exil sur l'île permet de regarder la vérité et de nous renvoyer à nos propres renoncements. C'est ainsi que Ouessant est devenue mon île de cœur, une grande vague, une pensée maritime que je tisse et détisse de jour comme de nuit. Elle est ce vertige qui s'anime comme une danse de l'âme sur la page. Sais-tu que la création sauve de beaucoup de choses ?

✦

Depuis mon arrivée, je goûte chaque jour comme le premier. Quelle drôle d'impression que cette constance des faisceaux alors qu'à l'intérieur de soi, dans le mouvement des marées et mon sablier interne, je ressens la fine sédimentation de mon histoire et le doux passage du temps. Déjà, à sa mesure, je ne suis plus tout à fait la même et pas tout à fait une autre. Dans cet infime espace, dans ce tamis de nos vies, tout passe et tout s'écoule comme la patience. Au fil des mois, le temps s'est épaissi pour devenir ce silence pointé sur l'horizon où le regard s'arrête infini et me parle de la lente acceptation des choses. Il est comme un espoir de plus de tolérance vers un avenir aux multiples possibles. Venir à Ouessant, c'est aussi s'engager dans un voyage vers l'oubli pour mieux renaître, augmenté d'une nouvelle peau. Ce matin, j'ouvre les yeux sur un ciel nettoyé par la nuit. Je sais que le vent fera le reste.

Remerciements

Un immense merci aux Ouessantines et Ouessantins qui m'ont ouvert leur porte et leur cœur, à celles et ceux partis avant que ne soit achevé ce récit. Georges Pennec est de ceux-là. Sa connaissance d'Ouessant et de la mer d'Iroise était immense. Sa gentillesse tout autant. À Isabelle Le Bal et aux bénévoles de l'association CALI, à Yves Jolivet et toute l'équipe des éditions Le mot et le reste. Enfin que soient tout particulièrement remerciés Alexis Gloaguen, auteur de *La Chambre de veille*, qui m'a encouragée dans cette aventure ainsi que Thierry Delaunay, mon mari, pour son indéfectible soutien.

L'écriture de ce livre a été rendue possible dans le cadre de la résidence d'écrivain du sémaphore du Créac'h-île d'Ouessant, organisée par l'association Culture, Arts et Lettres des Îles du 1er octobre 2015 au 1er janvier 2016. Les résidences bénéficient du soutien du conseil général du Finistère, du conseil régional et de la commune d'Ouessant. L'auteure a également bénéficié, pour la rédaction de cet ouvrage, du soutien du Centre national du livre.

Composition et mise en pages
FACOMPO, Lisieux

Achevé d'imprimer en France par
La Nouvelle Imprimerie Laballery
58500 Clamecy (Nièvre)
N° d'impression : 201071
Dépôt légal : juin 2021
Suite du premier tirage : janvier 2022
S31877/04
Pocket - 92, Avenue de France, 75013 PARIS